Jürgen Kaube

Lob des Fußballs

Jürgen Kaube

Lob des Fußballs

Mit zwölf Zeichnungen
von Philip Waechter

C.H.Beck

Mit zwölf Abbildungen

© Verlag C. H. Beck oHG, München 2018
Gesetzt aus der Apollo MT und der ITC Kabel Book im Verlag
Druck und Bindung: CPI – Ebner & Spiegel, Ulm
Umschlaggestaltung: nach einem Entwurf
von Rothfos & Gabler, Hamburg
Umschlagabbildung: Philip Waechter
Gedruckt auf säurefreiem, alterungsbeständigem Papier
(hergestellt aus chlorfrei gebleichtem Zellstoff)
Printed in Germany
ISBN 978 3 406 70050 7

www.chbeck.de

Für Levin und Ailton

I

Sieht man vom Selbstlob Gottes ab – *Gott sah alles an, was er gemacht hatte: Und siehe, es war sehr gut.* (1. Mose 1, 31) –, dann war das Erste, was überhaupt gelobt wurde, ein Sportler. Die ältesten Gedichte des Abendlandes handeln nicht von der Liebe und nicht vom Tod, nicht von der Schönheit der Natur und nicht von der Schönheit der Nacht – sondern von Olympiasiegern. Es sind Lobgesänge, auf Hieron aus Syrakus, *pflückend aller Vorzüge Wipfel,* dessen Wagen erster im Pferderennen war, auf Hippokles aus Thessalien, der *mit Güte der Füße siegreich* im Doppelwettlauf blieb, oder auf Sogenes aus Ägina, den Besten im Fünfkampf, *dem Vater bewahrend ein zärtliches Herz.* Die ersten Loblieder besingen das Siegen und das

Gedenken, das sich der Sieger erwirbt. In gewisser Weise war der Sieg für die Griechen jener Zeit das Wichtigste am Sport, weil schon der Zweite in einem Wettkampf sich bei ihnen nicht mehr sehen lassen konnte und, wie es bei Pindar heißt, sich heimlich nach Hause schleichen musste. In dieser Verachtung der Unterlegenen wirkte nach, dass sie nicht lange zuvor sogar noch den Gottheiten geopfert worden waren, so wie die Verlierer – manche Forscher sagen auch: die Sieger – in den Ballspielen der Maya. Nun aber hatte bei den Griechen als symbolische Stellvertretung für Krieg und Opferritual der *Sport den Totschlag ersetzt* (Uvo Hölscher). *Wer aber siegt: sein ferneres Leben lebt er / in honigmilder Heiterkeit / dank der Kampfpreise.* Das Erste, was Dichtung lobte, waren, wie hier in Pindars erster Olympischer Ode, die großen Athleten.

Folgerichtig erfährt der Leser solcher lyrischen Lobgesänge aus ihnen nicht sehr viel über die Verläufe der antiken Wettkämpfe. Sie liegen im Schatten des Sieges. Nach dem berühmten Bonmot des Football-Trainers Vince Lombardi von den Green Bay Packers ist Siegen im Sport nicht alles, sondern das Einzige: *Winning isn't everything, it's the only thing*. Und in einem anrührenden Gespräch hat Berti Vogts, unter den großen Verteidigern einer der Zähesten, davon berichtet, wie im Gladbacher Mannschaftsbus auf der Rückfahrt von einem verlorenen Spiel in München einst sieben Stunden lang geschwiegen wurde, weil der Trainer kein Wort duldete: *Die Niederlage war der größte Feind*. Wer so antik denkt, für den tritt im Sieg der Sport selbst in seinen Mühen, Zufällen und Bedingtheiten gegenüber seinem Glanz in den Hintergrund. Denn der Triumph, der den Sieger unvergleichlich macht, überstrahlt für ihn alles, worin er den Verlierern ähnelt, was er mit ihnen teilt. Nicht der Sport, sondern der Sportler wird so zum Gegenstand des Lobes.

Das Lob des Siegers sollte dem Helden dabei, so Pindar ganz ausdrücklich, zurückgeben, was dieser seinerseits der Gemeinschaft gegeben hatte. Das Ensemble der griechischen Stadtstaaten empfand sich um 500 v. Chr. fast nur noch in der Betrachtung jener panhellenischen Wettkämpfe als eine solche Gemeinschaft. Das Lob des Siegers war darum das Lob einer Tat, die als glücklicher Au-

genblick für die Uneinigkeiten des Lebens ent-
schädigte, die Individuen vor allem aber für ihre
Vergänglichkeit: *Doch besser / Aufs Nächste immer, das vor den Füßen liegt, schaun. / Denn tückisch
hängt über dem Mensch die Zeit.* Das Lob des Athleten hielt das Glück reiner Gegenwart fest, das sein
Sieg für Sekunden aufkommen ließ. Gelobt wurden die Mühe, die der Athlet daran wandte, und
seine Selbstüberwindung, gelobt wurden die Kosten, die er nicht gescheut hatte, sowie sein Mut,
die Niederlage riskiert zu haben, aber auch den
Neid, den jeder Sieg auf sich zog.

Ein Lob des Fußballs kann leicht der Verführung erliegen, es auf ähnliche Weise zu versuchen.
Es würde dann ganz zum Lob der Feste des Fußballs, seiner großen Momente, seiner Sieger und
der Präsenzerfahrungen, mit denen der Fußball
seine Zuschauer versorgt. Das alles sind bedeu-
tende Elemente dieses Sports, sie müssen in jeder
Antwort auf die Frage, wodurch er fasziniert, vor-
kommen. Aber sie unterscheiden ihn nicht von
anderen Sportarten, auch im Radfahren, Boxen
oder Riesenslalom gibt es all das. Außerdem lässt
sich Fußball in seiner Wirkungsmacht nicht allein

durch die großen Momente, die großen Spiele, die großen Spieler begreifen. Denn davon gibt es nicht nur viel zu wenige, ihr Gegenteil ist auch immer schon Teil der Attraktion des Fußballs. Fußball ist reine Wahrnehmungspräsenz im Stadion *und* das «Weißt du noch als …»-Gedächtnis, er ist das Staunen über Virtuosität *und* das elende Gekicke, das trotzdem nicht zum Abbruch der Beziehungen führt, er ist 7:1 *und* die Schande von Gijon, Meisterschaft und Abstieg, Zinédine Zidane *und* Carsten Ramelow, Athletik *und* Statistik, Lactatwerte *und* Zirkus. Wer ihn loben will, muss die Einheit all dieser Gegensätze loben.

Das bringt eine zweite Verführung ins Spiel. Wie oft ist dem Fußball nicht lobend attestiert worden, er verbinde, was sonst getrennt sei, und biete Gemeinschaftserlebnisse in einer ansonsten atomisierten oder jedenfalls gespaltenen Gesellschaft? Am letzten großen Lagerfeuer, wie es dann heißt, gebe es für neunzig Minuten keine Schichten, Milieus oder Bildungsherkünfte mehr, sondern nur geteilte Fokussierung. Sogar Nationen oder die ganze Zuschauerwelt soll der Fußball in Sommermärchen zusammen- und einander näherbringen können. Der Torschrei kenne nur noch die Gemeinschaft und ihren Enthusiasmus.

Diese oft wiederholte Beschreibung muss dann allerdings zwischen «richtigen» Fans und den anderen unterscheiden, denen mit der Pyrotechnik und den Hassgesängen, die nicht gar so verbindlich sind. Außerdem passt sie wenig zu einer anderen Formel, die oft für den Fußball verwendet wird: Er sei ein «Spiegel der Gesellschaft». Ganz abgesehen vom Problem, dass wir die Gesellschaft gar nicht kennen, in der wir leben, weswegen es uns auch schwerfallen würde, sie in einem Spiegel wiederzuerkennen: Wir sind, was wir spielen – das klingt zwar lässig, aber was sind wir denn? Und was heißt es über uns, dass wir so viel Verschiedenes spielen? Ganz abgesehen davon also müssten sich die Fußball-Philosophen wohl schon entscheiden. Denn beides zugleich kann der Fußball nicht sein: ein Abbild der Zustände und die ausnahmsweise, örtlich und zeitlich begrenzte Versöhnung ihrer Gegensätze. Man kann den Fußball, mit anderen Worten, nicht sowohl für seinen Realismus loben wie auch für eine 90-Minuten-Utopie, sofern es denn überhaupt eine ist. Manche

Enthusiasten, die besonders an der Utopie hängen, stellen sich darum einen Fußball ohne Gewinnenmüssen vor, *diesem absolut männlichen Schaden, der siamesisch mit dem System Fußball verbunden ist* (Klaus Theweleit). Damit kehren sie die antike Obsession durch das Siegen um, greifen aber genauso am Fußball, wie es ihn gibt und wie er den Enthusiasmus begründet, vorbei. Ohne Gewinnenmüssen und auch ohne *absolut männlichen Schaden* kein Zidane.

Wozu aber überhaupt den Fußball loben? Wozu preisen, was ohnehin beispiellosen Zuspruch findet? Vor zehn Jahren fragte die Fifa nach, und es wurden 265 Millionen Fußballspieler und -spielerinnen weltweit gezählt. Knapp vier Prozent der Weltbevölkerung betreiben diesen Sport. Im Deutschen Fußball-Bund sind heute mehr als sieben Millionen Spieler und etwa 25 000 Klubs gemeldet. 380 Millionen Menschen sahen das Champions-League-Finale 2015, mehr als zwanzig Millionen in Deutschland das von 2013 zwischen Borussia Dortmund und dem FC Bayern München. Gut 700 Millionen Euro schüttet die Deutsche Fußball Liga überwiegend aus Fernsehgeldern an ihre Bundesligavereine aus. Es ist ein einziges Hinschauen, Mitfiebern, Bezahlen, Mitmachen. Auf allen Gebieten: Mehr als sechzig Millionen Mal hatte Sony schon im Sommer 2017 die Play-Station-4-Konsole verkauft, neunzig Millionen waren vom Vorgängermodell abgesetzt worden. Wer bei Google «Fifa» eingibt, erhält als erste Suchangebote keinen einzigen Hinweis auf den Weltfußballverband, sondern ausschließlich solche auf das Computerspiel. Fußball ist mithin auch dort, wo er gar nicht gespielt, sondern nur in virtuellen Räumen nachgespielt wird, eine beispiellose Attraktion. Was also könnte ein Lob des Fußballs dieser allgemeinen Begeisterung noch hinzufügen? Wir werden sehen.

II

Wer verstehen will, weshalb Fußball weltweit die meisten Anhänger hat, muss ihn mit anderen Sportarten vergleichen. Wie sie engagiert er den Körper. Wie sie lebt er vom Unvorhergesehenen und den Schwierigkeiten der Körperkontrolle. Wie an ihnen, so interessiert auch an ihm der Leistungsvergleich. *Athlos* heißt im Griechischen «Wettbewerb», das «Kräftemessen». In jedem Sport wird behauptet, etwas besser zu können. Jeder Sport ist eine Wette.

Doch Fußball fällt unter den Sportarten auf.

Da ist zunächst seine Unwahrscheinlichkeit. Fußball ahmt nichts nach. Es gibt nichts außerhalb des Spielfeldes, an das er erinnert. Gelaufen, geworfen, geschlagen, gehoben, geboxt, über Hindernisse gesprungen, getanzt und geschwommen wird auch jenseits von Wettkampfstätten. Die meisten Sportarten haben sich also aus Bewegungsformen entwickelt, die alltäglich sind oder zumindest alltägliche Vorbilder kennen und an soziale Zusammenhänge wie die Jagd, den Streit, den Krieg, das Fest oder die Arbeit erinnern. Zu einem Sport, so kann man sagen, wird eine körperliche Handlung immer dann, wenn man sie von ihren Zwecken löst und sie nur ausführt, um zu beweisen, dass man das besser kann als andere. Der Marathonläufer ist nur noch schneller als die anderen, aber er bringt keine Botschaft mehr, *der Lauf selbst ist die Botschaft* (Rudolf Stichweh).

Fußball hingegen ist ein Spiel, das Leistungen verlangt, die überhaupt nur in diesem Spiel einen Sinn haben, nirgendwo sonst. Niemand tritt zu bestimmten Zwecken gegen einen Ball, außer eben im Fußball selbst. Wer an dieser Stelle «Und Tennis?» einwendet, weil auch dieser Ballsport an keine ähnlichen Alltagsbewegungen erinnert, sei nicht nur auf den «Dialogus miraculorum» des Zisterziensermönchs Caesarius von Heisterbach verwiesen, der um 1220 schilderte, wie sich in der

Hölle zwei Gruppen von Dämonen eine Menschenseele mit den Handflächen zuschlagen. Sondern auch an die sporthistorische These, dass Tennis aus Frühformen des Fußballs entstanden sei, an deren gewalttätigen Raufereien teilzunehmen Mönchen nicht erlaubt war, weswegen sie sich einen Ball weniger roh zuschlugen, um ihn – es gab weder Linien noch Netz – in ein Tor zu bugsieren. Man könnte Tennis auch ein Gefecht mit einem Ball nennen.

Andere Ballspiele, bei denen es darum geht, die Kugel möglichst nicht den Boden berühren zu lassen oder bei denen der Ball entweder immer oder wenigstens in den wichtigsten Momenten fliegt – Volleyball, Cricket, Baseball, Basketball, Football –, mögen von fernher aus der Ansicht der Himmelssphären abgeleitet worden sein. Besonders die «amerikanischen» Ballsportarten und ihr Publikum favorisieren den hohen Flug. Hier geht es um Aufstieg und Landung nicht nur des Balles, sondern auch des Athleten, weswegen einem der größten von ihnen auch der Name «Air» gegeben wurde. Man hat darin einen Hunger nach Transzendenz erkennen wollen. Fußball hingegen hat keine Präferenz für bestimmte Flugkurven, ja nicht einmal für die Luft gegenüber dem Boden. Im italienischen Calcio, einem frühen Fußballspiel zur Zeit der Renaissance, bei dem außer den Füßen auch die Hand den Ball spielen durfte, war es sogar verboten, ihn durch Würfe höher fliegen zu lassen, als die Spieler groß waren.

Noch die Vorform des Fußballs, das Rugby, folgt der kriegerischen Logik, im Land der Gegner und hinter deren Linien die eigene Fahne als Zeichen des Sieges zu hissen. Entsprechend kennt es keine Rückwärtsbewegung mit dem Ball, sondern nur das Bestreben, mit allen verfügbaren Kräften sich den Zugang zum feindlichen Lager zu erzwingen. Aus Ritterturnieren sind Spiele bekannt, bei denen es um die Verteidigung einer Passierstelle, eines Tores, geht. Entsprechend handelt es sich beim Rugby um eine Rangelei um einen abzuschirmenden Raum, bei dem der Ball nur das Symbol für den Besitz der Initiative ist, bei dem aber nicht mit ihm gespielt wird. Den Ball abzugeben galt im Übergang vom Rugby zum Fußball folgerichtig zunächst als unmännlich.

Dort, wo sich der Fußball nach langen Jahrhunderten von seinen Vorgängern abgelöst hatte, wurde die Mannschaft hingegen eine spielende Einheit. Es geht im Fußball, paradox aus der Sicht älterer Kampfspiele, immer stärker darum, den Ball abzugeben, um ihn zu behalten. Die Initiative soll bei der Mannschaft liegen, nicht beim Einzelnen. Im Fußball haben, wie in den meisten Ballsportarten, die Angreifer den Ball; dass viele Kontinentaleuropäer Cricket und Baseball seltsam finden, liegt auch daran, dass es dort die Verteidigung ist, die den Ball hat und ihn außer Spiel zu bringen sucht. Im Fußball jedoch geht das Spiel, anders als bei reinen Angriffssportarten wie American Football oder Rugby, in alle Richtungen. Der Ball wird im Spiel gehalten, der Wechsel der Initiative findet in den allermeisten Fällen nicht nach einem erfolgreichen Abschluss statt, sondern nach einem «Ballverlust». Schon im 17. Jahrhundert wird das Spielfeld abgegrenzt und mit einem Gatter versehen: *The Gates are called Goals,* heißt es im «Book of Games» des Francis Willughby um 1660, die Durchgänge werden Tore genannt. Aber es geht eben niemand durch sie hindurch, sondern bestenfalls etwas und das nur selten. Der Ausdruck «ein Tor erzielen» ist zu geläufig, als dass noch gehört würde, wie merkwürdig er ist.

Zum Fußball kommt es historisch, wenn die Gewalttätigkeit weitgehend aus dem Spiel genommen und der Kampf mit dem Gegner durch den Kampf um den Ball und mit dem Ball ersetzt wird. Schon die Rugby-Regeln, die Mitte des 19. Jahrhunderts aufgestellt wurden, waren bestrebt, sowohl die schlimmsten körperlichen Attacken wie den Egoismus einzudämmen. Auf den Fußball bewegt sich diese Entwicklung zu, wenn immer stärker das Tragen und Werfen des Balles untersagt wird; anfangs durfte man ihn immerhin noch mit der Hand stoppen. Von allen Bezügen auf nichtspielerische Tätigkeiten löst sich der Fußball nämlich erst, wenn sich um ihn ausschließlich diejenigen kümmern, die dazu am wenigsten geeignet sind: die Füße. Ausgerechnet den Füßen und Beinen wurde also immer mehr die Hauptleistung zugemutet, diesen unpräzisen Instrumenten eines Wesens, das einst durch den aufrechten Gang seine Hände freisetzte für all das, was sie im Fußball nicht oder nur in Ausnahmefällen dürfen: greifen, halten, tragen, werfen, schlagen. Darum wird im Fußball angestaunt, was in anderen Ball-sportarten – man denke auch hier an Tennis – normal ist: Präzision, dass der Ball wie an einer Schnur gezogen erscheint, dass er kontrolliert wird und zentimetergenau dort landet, wohin ihn der Spieler haben will. Christoph Bausenwein hat es wunderbar formuliert: *Weil der Ball mit dem Fuß nicht in Besitz genommen werden kann, bleibt er immer frei. Weil die Hand aus dem Spiel ist, kann der Ball selbst ins Spiel kommen und seinerseits mit dem Menschen spielen.* Fußball ist ein einziges Kontrollproblem. Geht es in anderen Sportarten darum, etwas besonders gut zu machen, ist es im Fußball völlig unklar, was überhaupt dieses «etwas» wäre. Ziemlich viel auf einmal jedenfalls.

III

Das führt zu einem zweiten großen Unterschied dieses Sports gegenüber den meisten anderen: seiner materiellen und physischen Voraussetzungsarmut. Man kann ihn mit so gut wie nichts betreiben, und es kann ihn so gut wie jeder betreiben. Volleyball ohne Netz? Basketball ohne Korb? Tennis auf einem Holzboden? American Football auf Pflastersteinen? Im Grunde war es schon Fußball, als das Kind stundenlang auf der Wiese hinter dem Haus den Ball gegen die Wand schoss und sich Übungen dazu ausdachte, die Rekorde ermöglichten, oder allein über den Rasen jagte im Gefühl, mehrere Spieler zu sein, die sich den Ball zupassten, um ihn dann im Maschendrahtzaun zwischen zwei Pfeilern als Tor zu versenken oder über den Zaun zu schießen und ihn dann minutenlang im angrenzenden Obstwald oder den Brennnesseln zu suchen. Über den großen niederländischen Mittelfeldstürmer Johan Cruyff wurde einmal gesagt, gerade das Fußballspielen in der asphaltierten Enge seines Heimatquartiers Betondorp im Norden Amsterdams habe ihn, das Hemd, wenn er nicht dauernd blutige Knie haben wollte, dazu gezwungen, ganz besondere technische Fertigkeiten auszubilden. Der Fußball an den berühmten brasilianischen Sandstränden dürfte von den entgegengesetzten Widrigkeiten auf dieselbe Weise profitiert haben. Entsprechend verlangt der Fußball auch keinen Normkörper. Lionel Messi und Zlatan Ibrahimović, Diego Maradona, Santi Cazorla und Peter Crouch, Jérôme Boateng und Philipp Lahm, Paul Pogba und Thomas Müller – die Bandbreite der anatomischen Erscheinungen im Fußball ist immens. Nur nebenbei: wie im Tennis.

Das liegt zum einen daran, dass im Fußball die gegensätzlichsten Aufgaben zu lösen sind. Verdrängungskraft ist ebenso wichtig wie Beweglichkeit, Luft- und Bodenkampf verlangen jeweils andere Qualitäten, die Fähigkeit zu Zweikämpfen lebt von Aufmerksamkeit mindestens so sehr wie von Furchtlosigkeit. Ein harter Schuss ist schön – Ronny soll es bei Sporting Lissabon auf knapp 211 km/h gebracht haben und Walter Baseggio von Anderlecht hat einmal den Ball explodieren lassen –, aber ein gefühlvoller Lupfer, eine Luftkurve, ein Schlenzer tun es zuweilen genauso gut oder besser. Wenn «Leistung» im Sport meint, dass man sich bei der Beobachtung einer körperlichen Aktion auf einige messbare Aspekte von ihr und auf ihre Effekte konzentriert, dann stellt Fußball insofern einen Sonderfall dar, als seine Vermessung oft wenig informativ ist und die wichtigsten Effekte, die Tore, so selten eintreten, dass es diesseits der sogenannten Standardsituationen kaum lohnt, sich auf Routinen festzulegen.

Zum anderen ist die Beziehung von Athletenkörper und Leistung im Fußball so variantenreich, weil es innerhalb der Mannschaften keine an physische Qualitäten strikt gekoppelte Arbeitsteilung gibt. Es gibt kleine Basketballspieler – Muggsy Bogues von den Charlotte Hornets war mit 1,60 m vermutlich der Kleinste jemals in der NBA –, aber sie sind immer Point Guards, also Aufbauspieler, und alle, die kleiner als 1,90 m sind, kann man auswendig kennen. Auch im Volleyball und Handball hat es eigentlich wenig Sinn, kein Hüne zu sein. Im American Football wiederum sind Spieler in Spitzenpositionen aktiv, die in ihrem ganzen Leben nicht ein einziges Mal an den Ball kommen, dafür aber als lebendige Wand agieren. Die Angreifer verteidigen nicht und umgekehrt. Auch Baseball und Cricket kennen Werfer und Schläger, die das jeweils andere nur nolens volens machen. Im Fußball hingegen muss stets damit gerechnet werden, dass ein Spieler etwas macht, wofür er im Grunde gar nicht zuständig ist und was ihm auch gar niemand zugetraut hat: «ausgerechnet Schnellinger» 1970 in Mexiko City, das Ausgleichstor von Katsche Schwarzenbeck im «Champions League»-Finale von 1974 gegen Atlético Madrid, Diego Maradona, 165 cm groß, mit dem Kopf und der Hand Gottes gegen England und Peter Shilton, 185 cm, oder Michael Schjönberg, der als Feldspieler von Kaiserslautern im Jahr 2000 gegen Freiburg einen Elfmeter hält. Nicht einmal die einzige Rolle im Spiel, die strikt von allen anderen unterschieden

ist, die des Torhüters, erzwingt eine bestimmte Physis. Der Torwart der Tschechoslowakei 1934, als sie Vizeweltmeister wurde, war Frantisek Planicka und maß 1,72 m, sein italienisches Gegenüber, Giampero Combi, war 1,75 m klein. Im Fußball gibt es keine Körperdiskriminierung, das Spiel kann jeder Eigenart etwas abgewinnen – übrigens auch jeder charakterlichen. In der Erwartung, dass alle alles machen, fand diese Eigenschaft des Fußballs von den Siebzigerjahren an in der niederländischen Lehre vom «Fußball total» einen besonderen Ausdruck. Heute ist das keine Schule mehr, sondern Standard.

IV

Dasselbe gilt schließlich für Raum und Zeit. Unter den Ballsportarten ist der Fußball diejenige, in der das Spielfeld am vollständigsten genutzt wird. Es gibt keine Zone, von der man sicher sein kann, dass in ihr die Entscheidungen über den Ausgang des Spiels fallen werden. Und es gibt keine, von der das ausgeschlossen werden könnte. Sogar an der Eckfahne kann ein Spiel entscheiden werden, wenn das knapp führende Team dort den Ball einklemmt, um das Spiel über die Zeit zu bringen. Der Ball wird im Fußball nicht, wie im Handball und Basketball, mehr oder weniger risikolos zur gegnerischen Defensivzone getragen, auf dass dann dort der Abschluss gesucht wird. Es gibt hier keine ausgetretenen Pfade, die routinemäßig begangen werden, und es gibt keine redundanten Räume hinter dem Ball, auf die man während eines Angriffs auch verzichten könnte. Andererseits ist der Ball schnell und leicht genug, um auch aus großer Entfernung Gefahr heraufzubeschwören: *Wir diskutierten nur über die Organisation von Geschwindigkeit,* erinnert sich der Vorstopper der legendären Mannschaft von Ajax Amsterdam, Barry Hulshoff. Entsprechend existieren im Fußball, anders als im Hockey oder im Basketball, auch keine privilegierten Zonen für den Abschluss. Jedes Tor zählt gleich. Nicht einmal der ewige Reporterspruch, es müsse das Spiel mehr über die Flügel gesucht werden, ist ein allgemeingültiger Satz. Arjen Robben hat Dutzende von Toren erzielt, indem er auf immer gleiche Weise vom Flügel nach innen zog.

Tore fallen von fast überall. Aus großen Entfernungen, aus «unmöglichen» Winkeln, mit dem Rücken zum Tor, durch Kopfbälle auf Höhe der Grasnarbe, durch das Anschießen von Gegnern. Eigentore sind eine Domäne des Fußballs. Und während im Basketball der spektakuläre Dunk ein Zauberkunststück ist, das im Training tausendmal geübt worden ist, behält die Kunst im Fußball etwas Unerwartetes. Der unglaubliche Fallrückzieher – oder «Rückfallzieher», wie wir als Kinder sagten – von Zlatan Ibrahimović beim 4:2 Schwedens gegen England 2012 aus 26 Metern in Breite der rechten Strafraumkante oder das Tor von Diego (Werder Bremen) 2007 gegen Alemannia Aachen, bei dem er zehn Meter in der eigenen Spielhälfte stand, gehören im Profifußball lediglich zu den spektakulärsten Belegen dafür. Aber nicht nur werden Tore von fast überall erzielt, die spielentscheidende Szene ihrer Vorbereitung kann sich ebenfalls überall und fast unbemerkt zutragen. Das 1:0 Deutschlands gegen Argentinien im WM-Finale 2014 war nur möglich, weil ein argentinischer Verteidiger zwei Schritte zu weit weg von seinem Gegenspieler stand und für eine halbe Sekunde seine Aufmerksamkeit in die falsche Richtung lenkte.

Entscheidungen fallen im Fußball darum auch zeitlich, wann sie wollen. Die schnellsten Tore nach neun Sekunden (Bellarabi gegen Dortmund 2014) oder sogar drei, also durch einen Schuss aus dem Anstoßkreis, gehören zu den Zirkusstücken, die auf YouTube hochgeladen werden. Wichtiger ist, dass trotz der im Vergleich zu allen anderen Ballsportarten wenigen Treffer Spiele, die in der 57. Minute 1:4 stehen, auch 7:4 ausgehen können; die älteren Bayern-Fans wissen, welches gemeint ist. Sie wissen auch, wie viele Tore in einer Nachspielzeit von vier Minuten fallen können. Aber Aufholjagd und Last-minute sind nur zwei von vielen möglichen Zeitmustern eines Spiels. Liverpool geht 2005 in Istanbul gegen den AC Mailand mit 0:3 in die Pause des Finales. Die Treffer fielen in der ersten, der 39. und der 44. Minute, als hätte sich ihren Zeitpunkt ein italienischer Teufel ausgedacht, um maximale Niedergeschlagenheit zu erreichen: Erst schocken, dann lange Hoffnung aufkommen lassen, dann kurz vor dem Halbzeitpfiff den Willen brechen. 0:3 gegen eine Defensive aus so grimmigen Spielern wie Gattuso, Stam, Maldini, Nesta. Zurück auf dem Platz gleicht Liverpool nach kurzer Aufwärmphase innerhalb von sieben Minuten aus. Auf dem Weg zum Finale hatte Mailand überhaupt nur in drei von neun Spielen Gegentreffer zugelassen. Anschließend fällt eine Stunde lang kein Tor, auch wenn bis

heute niemand versteht, weshalb nicht. Nur die Gnade der entfernten Geburt hat einen in diesem Spiel nicht um Jahre altern lassen.

Fußball dehnt die Zeit, komprimiert sie, alles geht ganz langsam, dann ganz schnell. In kaum einer anderen Sportart gibt es ununterbrochene Aktionen, die mehrere Minuten dauern können. Es gibt das unablässige Hin und Her, die völlig unerwartete Wendung der Ereignisse, die Belagerung, bei der die einen denken, es muss der Knoten jetzt doch endlich platzen, die anderen hingegen, dass das niemals gut gehen wird. Und dann platzt der Knoten oder es geht doch gut oder der Knoten platzt, aber die anderen rappeln sich wieder auf, oder sie kommen, kurz nachdem sie sich aufgerappelt haben, unter die Räder. In Verlängerungen fallen meistens gar keine Tore oder nur eins. Oder Deutschland bekommt in einer zwei Gegentreffer und holt sie noch auf, denn es war ja noch 22 Minuten Zeit dafür in der Nacht von Sevilla 1982, in der die Zeit überhaupt aufhörte zu existieren. Nicht der Sieg, der war auch schön, nicht die noch schönere Aufholjagd, sondern die Dehnung des Augenblicks, die Weitung der Zeit, dass sie zusammengefaltet wird und sich ballt und mal rasend vergeht, mal kaum, macht das Spiel zu einem Erlebnis. Die Zeit hängt während des Spiels nicht mehr tückisch über dem Menschen.

Das alles zwingt die Zuschauer beim Fußball zu einer homogenen Aufmerksamkeit. Man kann sich, will man das Spiel sehen, nicht entspannen, jede Szene, jeder Vorgang in irgendeiner Zone des Feldes, jeder Spieler kann entscheidend sein. Einen entscheidenden Moment im Viertelfinale zwischen England und Brasilien bei der WM 2002 hat Klaus Theweleit in einer faszinierenden Analyse darin gesehen, dass in der Nachspielzeit der ersten Hälfte David Beckham an der gegnerischen Seitenlinie einen Ball nicht ins Aus spielt, weil er um seinen gerade erst geheilten Mittelfußknochen fürchtet. Er zieht die Beine hoch, die bedrohlich herangeeilten Brasilianer ergrätschen den Ball, spielen ihn nach vorne, Ronaldinho weiß, dass jede Sekunde der Halbzeitpfiff kommen muss, sprintet entschlossen aufs englische Tor zu, Übersteiger, Abspiel, und es steht 1:1.

Hat jemand diese halbe Sekunde der Selbstschonung Beckhams gesehen? Selbst wenn Theweleit der Einzige war, der sie gesehen haben sollte, und selbst wenn auch er sie erst später, in einer Aufzeichnung und nach mehrfacher Wiederholung gesehen haben sollte, umreißt seine Beobachtung ein Ideal der Aufmerksamkeit. Das Wahrnehmungsglück dessen, der nie ganz mitkommt, für den das Spiel stets die nächste Überforderung bereithält, ähnelt dem Eindruck, den Kinder von Büchern oder Filmen haben, von denen sie vieles verstehen, aber nie alles, oder Erwachsene von Kunstwerken. Nur, dass der Fußball kein Werk ist, keine Aufführung, nichts, das den Betrachter auf sich selbst zurückverweisen und ihm etwas sagen würde, sondern bloße zweckgerichtete Aktion, die an nichts erinnert als an sich selbst und die nichts mitteilt als die Schwierigkeiten, sie mitzuvollziehen und im besten Fall auf der Höhe ihrer ständigen Überraschungen zu sein.

V

In gewisser Weise dreht sich dabei alles um das Abseits. Die einzige Fußballregel, von der überhaupt gesagt werden kann, man verstehe sie nicht sofort, und die einzige, für deren Grundverständnis man mehrere Sätze benötigt, ist zugleich die wichtigste. Denn gäbe es das Abseits nicht, wäre Fußball nur Handball mit den Füßen. Dass ein Spieler abseits steht, wenn er in dem Moment, in dem er den Ball von einem Teamkollegen zugespielt bekommt, in der gegnerischen Spielhälfte der Torlinie näher ist als der Ball und der vorletzte Abwehrspieler, bestraft Angreifer, die es sich zu einfach machen. Wenn ein Spieler sich also in den Rücken der gegnerischen Abwehr stellt, um daraus einen Vorteil zu ziehen, verliert sein Team die Initiative. Wieso? Weshalb wird der Offensivdrang gebremst? Immer wieder kommt die Forderung auf, das Abseits abzuschaffen oder wenigstens aufzuheben, etwa bei Freistößen. Dann würden mehr Tore fallen. Doch darum, um mehr Tore, geht es gar nicht.

Die Abseitsregel erinnert an die Herkunft des Fußballs aus dem Rugby. Dort ist jeglicher Vorwärtspass verboten. Im American Football ist nur ein einziger Vorwärtspass zugelassen. Das führt zu einem stark eingeschränkten Bewegungsspielraum für den Ball, der nach vorne nur von Einzelnen befördert werden kann, was die Mannschaften zu Eskorten des ballführenden oder balltragenden Spielers macht. Das ganze Spiel fokussiert sich so auf denjenigen, der gerade den Ball hat. Der Begriff «Ballbesitz» ist dann ganz wörtlich zu nehmen. Im Fußball hingegen setzt «Ballbesitz» gerade die Zirkulation des Balles voraus. Die Füße aber sind Kommunisten, mit ihnen kann nur kontrolliert werden, was sie an Mitspieler abzugeben bereit sind. Der Ballbesitz liegt bei der Mannschaft, nicht beim Einzelnen. Die Mannschaft ist gerade kein Orchester mit festgelegten Aufgaben, sondern ein Ensemble, das Ball-Kontaktimprovisation betreibt und in dem prinzipiell wenigstens jeder jede Aufgabe übernehmen kann. Im Stil des FC Barcelona unter Guardiola wurde das geradezu zelebriert, indem der Spieler, der den Pass erhielt, den Ball sofort zurückspielte, am besten an den Spieler, von dem er ihn gerade bekommen hatte: Iniesta – Xavi – Iniesta – Xavi – Messi – Xavi – Messi – Iniesta ... Es wirkt wie eine witzige Konversation, in der ein Wort das andere gibt, hat aber nicht nur den Zweck, den Gegner zu hypnotisieren, das Spiel auf eine Seite zu verlagern und die andere dadurch zu öffnen. Es bringt die Angreifer, die ein vergleichsweise enges Netz bilden, bei einem Ballverlust auch gleich in die Lage, neuen Druck aufzubauen.

Im Fußball sind also nur einige Vorwärtspässe untersagt. Damit zwingt die Abseitsregel die Angreifer, sich an der Verteidigung zu beteiligen. Vereinfacht gesagt: Sie müssen zurücklaufen, um nicht im Abseits zu stehen. Umgekehrt setzt sie Anreize für Verteidiger, sich nach vorne zu bewegen. Beiden, Stürmern wie Verteidigern, legt die Gefahr des Abseits nahe, sich ständig auch dann zu beobachten – oder, wie es bei Rainer Moritz heißt, *den eigenen Standort mit Blick auf die gegnerischen Abwehrspieler zu überprüfen* –, wenn sie nicht unmittelbar in einen Zweikampf verwickelt sind oder einen Zweikampf auf sich zukommen sehen. Das Raumbewusstsein der Spieler wird durch die Abseitsregel ausgedehnt, sie müssen in Querlinien denken, auch wenn sie gerade dabei sind, in Steillinien zu handeln. Die Abseitsregel übt, so gesehen, seit jeher einen Druck auf die Spieler aus, über das Ganze nachzudenken. Dasselbe gilt für die Zuschauer, die in einer Welt, in der man im Abseits stehen kann, im Moment der Ballabgabe zugleich beobachten müssen, wohin der Ball abgegeben wird. Auch der Blick der Zuschauer wird, sofern sie denn dem Spiel folgen wollen, dadurch ausgeweitet und im Grunde überfordert. Der Schiedsrichter und seine Assistenten an der Linie sind solche Zuschauer, ihre Entscheidungen versorgen das restliche Publikum mit unendlichem Stoff für Rechthaberei: «Ich hab' es genau gesehen ...». Wenn man es aber genauer gesehen haben will als die Spieler und die Schiedsrichter, ist man zu ständiger Aufmerksamkeit über die Beobachtung des ballführenden Spielers hinaus gezwungen. Die Abseitsregel insbesondere zieht die Zuschauer ins Spiel, und sie tut es umso mehr, je mehr die Mannschaften die Raumdeckung perfektioniert haben.

Diese zentrale Funktion des Abseits für das Spiel ist in der Geschichte des Fußballs mehrfach bestätigt worden. Als im Jahr 1925 beschlossen wurde, dass nicht wie bislang drei Verteidiger das Abseits aufheben, sondern dafür zwei genügen sollten – zumeist also ein Abwehrspieler und der Torhüter –, geschah das, weil eingespielte Abseitsfallen das Spiel unattraktiv gemacht hatten. Im Grunde spielte man damals mit einem Verteidiger, der als «Ausputzer» agierte, und schickte den Rest des Teams auf den Ball, denn die gegnerischen Stürmer konnten nicht in den Zwischenraum eindringen, ohne abseits zu stehen. Newcastle United, im Abseitsstellen dieser Art offenbar besonders gut, hatte gerade in einer Saison zum sechsten Mal torlos unentschieden gespielt. Ständig wurde das Spiel unterbrochen. So konnte es nach damaliger Ansicht nicht weitergehen. Das Angreifen sollte erleichtert werden, und also wurde die Re-

gel geändert. Der vor den Nationalsozialisten nach England geflohene österreichische Sportjournalist Willy Meisl wies in seinem Buch über die «Soccer Revolution» von 1956 aber auf eine Dialektik dieser Regeländerung hin: Wer das Angreifen erleichtert, sorgt dafür, dass alle Intelligenz ins Verteidigen investiert wird. «Safety first» wurde zur Devise der Fußballtaktik, die Idee der Abwehrkette kam auf, ein Mittelfeldspieler wurde mit defensiven Aufgaben betraut, im Angriff ging man, anstatt sich mit Kurzpässen zum gegnerischen Strafraum durchzuspielen, nun mehr zu Steilpässen über. Mathematisch, so Meisl, sei es vielleicht dasselbe, ob man weniger Tore zulasse als der Gegner, oder ob man mehr schieße als er, aber moralisch und geistig sei es der größte denkbare Unterschied.

Seine Bedenken, das Spiel werde durch die neue Abseitsregel zur reinen Abwehrschlacht, haben sich allerdings als unbegründet erwiesen. Die Taktikgeschichte des Fußballs hörte 1925 nicht auf, sondern ist seitdem eine unablässige Abfolge von Thesen und Antithesen: Ist Ballbesitz besser oder machen diejenigen, die den Ball haben, mehr

Fehler als diejenigen, die alles auf Konter setzen? Ist das Spiel in die Breite besser oder das Spiel in die Spitze? Soll die Abwehr tief stehen oder ist ihr Aufrücken und ihre Teilnahme am Pressing der Schlüssel zum Erfolg? Welche Anteile haben Mann- und Raumdeckung am Abwehrverhalten? Als sich Deutschland 1990 mit Betonfußball durch die K.-o.-Phase der Weltmeisterschaft hochdefensiv bis zum Titel durchgekämpft hatte, wurden nach 55 Jahren erneut die Regeln geändert: Rückpässe zum Torwart durfte dieser nun nicht mehr mit der Hand aufnehmen, und das Abseits bei gleicher Höhe von Abwehrspieler und Angreifer wurde aufgehoben. Später kam die Regel hinzu, dass Ballnähe allein einen Angreifer noch nicht ins Abseits stellt, er muss sich dazu vielmehr um den Ball bemühen. Diese Neuerungen begünstigten Spielsysteme, die durch kettenförmiges Aufrücken starken Druck auf die gegnerische Abwehr ausübten. Das wiederum zwang zur technisch besseren Ausbildung der Verteidiger. Heute sprechen manche von einem 4-6-0-System als dem Maß aller taktischen Dinge, soll heißen: einem Spiel ohne Stürmer, die nur stürmen.

VI

Die Evolution der Fußballregeln hat das Spiel zumeist angereichert: Dass seit 1967 in allen Spielen ausgewechselt werden darf beispielsweise, oder die Einführung der Gelben Karte 1970 und der Gelb-Roten Karte 1991. Meistens stand, wie beim Abseits bei zwei Verteidigern, aber auch bei der Einführung der Drei-Punkte-Regel, der Gedanke dahinter, die Offensive zu stärken. Der Unfug des «Golden Goal», der auf dem Denkfehler beruhte, auch das führe zu mehr Risikobereitschaft, wurde nach den gegenteiligen Erfahrungen damit glücklicherweise gleich – «gleich» heißt im Fußball: nach gut zehn Jahren – wieder abgeschafft. Die Drei-Punkte-Regel, von der ebenfalls eine Belebung des Spiels erwartet wurde, weil jetzt ein Sieg dreimal so viel zählt wie ein Unentschieden, hat wenigstens nicht geschadet. Als Ökonomen einmal die zehn Jahre Bundesliga vor und nach der Einführung dieser Regel untersuchten, kamen sie auf gut 29 Prozent Unentschieden vorher und knapp 26 Prozent Unentschieden nachher. Aber die meisten Unentschieden (gut 35 Prozent) gab es ausgerechnet in dem Jahr, nachdem der 3-Punkte-Anreiz erstmals gesetzt worden war, die wenigsten (knapp 20 Prozent) in der Saison 1977/78. Fußball, heißt das, lässt sich nur wenig über abstrakte Gesichtspunkte steuern. Einer anderen statistischen Auswertung zufolge geht fast die Hälfte aller Spiele nicht so aus, wie es die Wettquoten vorhersagen. Wenn daraus geschlossen wird, es bestimme der Zufall – die Tagesform, das Wetter, Verletzungspech, Fehlentscheidungen der Schiedsrichter – ganz erheblich, nämlich zur Hälfte das Ergebnis, so würden wir es weniger statistisch so ausdrücken: Das Spiel entscheidet (zur Hälfte) über das Spiel.

Doch es gibt eine Ausnahme: wenn das Spiel selbst nicht über Sieg und Niederlage entschieden hat, aber darüber entschieden werden muss, weil es sich um ein K.-o.-Spiel oder ein Endspiel han-

delt. Die Regulierung dieses Grenzfalles «Kampf ohne Sieger» ist aufschlussreich und gibt einen weiteren Beleg für die lobenswerte Komplexität des Fußballs. Sie lässt sich ihrerseits mit einem Sonderfall erläutern, zu dem es gerade im Halbfinale des Thailand-Cups 2017 gekommen ist. Dort fiel nämlich eines der kuriosesten Tore der Fußballgeschichte. Nachdem das Spiel mit 2:2 beendet worden war, kam es zu einem Elfmeterschießen. Beim Stand von 19:19 war der Torhüter des Bangkok Sports Club dran und schoss den Ball mit Wucht an die Querlatte. Sein Gegenüber läuft daraufhin jubelnd aus seinem Tor heraus und mit ausgestreckten Armen auf seine Mitspieler im Anstoßkreis zu, während der Ball, der nach oben wegsprang, in einem hohen Bogen fast genau auf den Elfmeterpunkt zurückfällt und durch den Drall von dort aus ins nun leere Tor zurückrollt. Der nächste Elfmeter ging fehl, Bangkok gewann das Spiel.

Dass hier der Torhüter zum Idioten des Elfmeters wurde, wird sofort als Ausnahme empfunden. Normalerweise braucht der Torwart keine Angst davor zu haben, nur der Schütze kann etwas oder sogar alles falsch machen. Verwandelt er einen Elfmeter im Elfmeterschießen, flicht ihm die Nachwelt keinen Kranz, sie klopft ihm nur auf die Schulter. Das ist die Umkehrung der normalen Logik des Ruhms durch eine Regel, die erst spät aufkam. Lange gab es nämlich kein Elfmeterschießen. Der Strafstoß als Sanktion für die unfaire Vereitelung von Torchancen war seit dem Ende des 19. Jahrhunderts eingeführt. Ein nordirischer Torwart hatte die milden Strafen (indirekter Freistoß) für schwere Fouls satt und stellte einen entsprechenden Antrag, der nach einigem moralischen Hin und Her – Sind Fouls überhaupt absichtlich? Ist die Strafe nicht zu theatralisch? – angenommen wurde. Aber niemand kam damals auf die Idee, unentschiedene Spiele so zu entscheiden. Es wurde gelost, es wurden Rückspiele ausgetragen, in Brasilien entschied in kurzen K.-o.-Begegnungen bei Gleichstand sogar die Zahl der Ecken. Hier und da experimentierte man bei kleineren Turnieren schon mit dem Elfmeterschießen, die Brasilianer führten es 1942 bei einem eintägigen Turnier mit Zehnminuten-Matches ein, aber wenn es ernst wurde, wie im Halbfinale der Europameisterschaft

1968 zwischen Italien und der UdSSR, entschied bis 1970 das Los.

Dagegen sträubte sich sogar die hölzerne Scheibe, die nach drei unentschiedenen Spielen und einer Verlängerung zwischen dem FC Liverpool und dem 1. FC Köln im Europapokal 1965 zunächst senkrecht im Rotterdamer Rasen steckenblieb. Bemerkenswerterweise sagte der Kölner Trainer, Georg Knöpfle, laut «Hamburger Abendblatt» vom 25. März 1965 schon damals, fünf Jahre bevor das Elfmeterschießen angeblich erfunden wurde: *Wenn man ein Elfmeterschießen als Entscheidung herangezogen hätte, so würde ich darin noch einen Sinn sehen, weil das mit Fußball ein wenig zu tun hat. Doch das Los mit einer Münze?*

Das Zurückdrängen eines Zufalls, der von außen kommt, war freilich nur das Motiv dafür, etwas einzuführen, das zumindest ein wenig mit Fußball zu tun hat. Tatsächlich kehrt das Elfmeterschießen die Logik des Ruhms im Fußball um. Denn der Ruhm hängt sich gewöhnlich an den Torschützen. Man muss nur an die erste internationale Endspielentscheidung durch Elfmeterschießen erinnern, an den in den Belgrader Nachthimmel gejagten Ball von Uli Hoeneß und den anschließenden «Panenka», einen am sich in die Ecke werfenden Torhüter vorbei in die Mitte des Tores gehobenen Ball, um diese eigentliche Qualität des Elfmeterschießens zu sehen. Es individualisiert die Spieler asymmetrisch. Die Chance, zum tragischen Helden oder Deppen zu werden, ist deutlich größer, als aufgrund eines verwandelten Elfmeters in die Fußballgeschichte einzugehen. Letzteres ist eigentlich nur jenem Antonin Panenka gelungen. Wer spricht noch von den Spielern, die im «Finale dahoam» für Bayern München ihre Elfmeter verwandelt haben? Von dem einen Engländer, der gegen Portugal bei dem WM 2006 traf (Owen Hargreaves, na gut, ein Münchner)? Von den anderen Franzosen, als David Trezeguet im Finale gegen Italien verschoss und Zidane schon nicht mehr dabei war? Den im entscheidenden Moment verschossenen Elfmeter hingegen erinnert die Sportgeschichte fast so lange wie Maradonas Tor, nachdem er acht Engländer ausgespielt hatte. Auch das gehört zur Faszination des Fußballs: dass in ihm stets das Eine gilt – und sein Gegenteil.

VII

Worum geht es im Fußball? Fragen wir zunächst etwas Einfacheres: Wer kennt noch den Sporting Club Union El Biar? Auf Wikipedia gibt es nicht einmal einen Artikel über diesen Amateurverein aus einem Vorort von Algier, der heute nur noch als Geburtsort Jacques Derridas bekannt ist. Am 4. Februar 1957 tritt dieser Klub im Sechzehntelfinale des französischen Pokalwettbewerbs in Toulouse gegen Stade de Reims an. Algerien ist eine französische Provinz und just seit dem Beginn des Algerienkrieges 1954 teilnahmeberechtigt. Zwar hatten die Algerier in den Vorrunden schon die Zweitligisten aus Montpellier und Aix aus dem Weg geräumt, aber zwischen El Biar und Reims liegen Welten. Stade de Reims: zwischen 1949 und

1962 sechs französische Meistertitel, zwei Pokal-
siege, zweimal im Endspiel des Europapokals der
Landesmeister, dort Real Madrid nur knapp un-
terlegen, mit Spielern wie Raymond Kopa, Just
Fontaine, Robert Jonquet. Eine der überragenden
Vereinsmannschaften Europas. Auf der anderen
Seite, wie es in einem Rückblick heißt, *Chakhor,
der Polizist, Florit, der Kosmetikvertreter, und
Taberner, der Elektriker.*

In El Biar hätte man gar nicht spielen können,
im dortigen Stadion fallen Bomben, die Stadt
selbst beherbergt das Folterzentrum der französischen Armee. Es kommen jedoch auch in Toulouse
nicht viele Zuschauer; des Algerienkriegs und des
absehbaren Spielausgangs wegen. Nach vier Minuten liegt zwischen Reims und dem Sieg ein Tor,
erzielt vom algerischen Spielertrainer, Guy Buf-
fard, der selbst Mitglied im Fanklub von Reims ist
und den Gegner auswendig kennt. Nach zwanzig
Minuten, Almodovar auf Flanke von Baeza, ein
zweites. Siebzig Minuten lang verteidigen die Algerier dieses Ergebnis, am Ende haben sie selber
ganze drei Mal auf das Tor von Reims geschossen.
Es ist bis heute der legendärste Außenseitersieg

56

der französischen Fußballgeschichte, auch wenn es 1999/2000 der Racing Union Football Club Calais als Viertligist ins Pokalendspiel geschafft hat, um dort erst in der neunzigsten Minute durch einen Elfmeter zu unterliegen.

Die Gründe, weshalb es Pokalwettbewerbe gibt, heißen: El Biar, Calais, Eppingen, Vestenbergsgreuth, Trier, Plymouth Argyle, Wrexham und Barnsley oder Alessandria Calcio, ein Verein, der drittklassig ins Halbfinale der Coppa Italia einzog, in deren ersten Runden sich die niederklassigen Mannschaften erst einmal gegenseitig eliminieren, bevor sich dann später Vereine wie Turin, Mailand und Rom herablassen, unter den Übriggebliebenen aufzuräumen. Pokalwettbewerbe zeigen, dass es im Fußball um ganz Verschiedenes geht. Sie bearbeiten das Gleichheitsproblem im Fußball, denn im Pokal wird die Trennung nach Leistungsklassen für K.-o.-Spiele geöffnet, weil Leistung ganz Verschiedenes heißen kann: beispielsweise Leistung in der Saison, Leistung nach der Saison und Leistung in einem einzigen Spiel.

Fußball lebt, wie jeder Sport, von ungewissen Unterschieden unter Leistungsähnlichen. Gewin-

nen immer wieder andere, besteht also Ungewiss-
heit über den Ausgang des Leistungsvergleichs,
ist alles in Ordnung. Aber es gewinnen nicht immer andere. In der englischen Premier League
wurden seit 1992 nur sechs verschiedene Vereine
Meister, dreizehn Mal Manchester United. In Italien fünf Vereine, elf Mal Juventus Turin. Die
deutsche Bundesliga wurde im selben Vierteljahr-
hundert ebenfalls von sechs Vereinen gewonnen,
fünfzehn Mal vom FC Bayern. Die erste Schweizer
Liga gewannen seit 1992 sieben Vereine, aber
zwölfmal der FC Basel. In Belgien der gleiche Be-
fund – sechs Vereine seit 1992, dreizehn Mal Anderlecht. Und in Dänemark? Sieben Vereine,
zwölfmal der FC Kopenhagen.

Das sind nur Stichproben, aber Anhaltspunkte
für ein Muster. Es macht deutlich, dass auch im
Fußball der Matthäus-Effekt gilt: «Wer hat, dem
wird gegeben». Erfolge ziehen zumeist weitere Erfolge nach sich. Das gilt insbesondere, wenn Geld
Tore schießt. Ab und zu reißt eine Serie, und
überaus erfolgreiche Vereine bleiben hinter ihren
besten Zeiten zurück: Borussia Mönchengladbach
(in zehn Jahren fünf deutsche Meisterschaften

und zweimal UEFA-Cup-Sieger), AS Saint-Étienne (zwischen 1967 und 1981 achtmal französischer Meister), Leeds United (zweimal Europapokal-Finalist, zweimal UEFA-Cup-Sieger), FC Liverpool (zwischen 1972 und 1992 elf englische Titel, siebenmal Vizemeister). Gewinnen aber immer dieselben, so leiden nicht nur die Zuschauer, sofern sie nicht gerade Fans des FC Bayern München sind. Es leidet auch das Spiel. Denn würden ständig sehr ungleiche Mannschaften gegeneinander spielen, wäre die Beobachtung ihrer Leistungen wenig informativ. Man wüsste weder, wie stark die Starken sind, noch wie schwach die Schwachen. Auch die Beteiligten selber wüssten es nicht, nach dem treffenden Scherz von Jorge Valdano über die italienische Nationalmannschaft: Wer immer 1:0 gewinnt, ganz gleich, wie schlecht er gespielt hat, lernt nichts dazu. Insbesondere die Sieger in ungleichen Kämpfen würden nichts lernen. Und für die Zuschauer entfiele das Motiv der offenen Situation, der Spannung. Es gäbe immer nur dasselbe zu erzählen. Siegen mag also für die Sportler und in der direkten Begegnung alles sein, für den Sport selbst ist es nicht das Wichtigste.

In den Ligen spielen darum Mannschaften gegeneinander, deren Leistungsvermögen ähnlich ist. Erweisen sich ihre Ungleichheiten als zu groß, verfestigen sich also die Gewinnchancen – Olympique Lyon war von 2002 bis 2008 durchgängig französischer Meister, der FC Basel hat die letzten acht Schweizer Meisterschaften gewonnen, Juventus Turin war zuletzt sechsmal hintereinander italienischer, Bayern München zuletzt fünfmal in Folge deutscher Meister –, gibt es ein Problem. Es kommen dann entweder Forderungen auf, etwas an den Regeln zu ändern. Etwa an den Regeln der Rekrutierung von Spielern, ihrer Bezahlung, der Finanzierung der Vereine oder der Verteilung von Fernsehgeldern. Oder es denken gerade die starken Vereine darüber nach, ob sie nicht untereinander eine eigene Liga bilden sollten, in der die Situation dann wieder offener wäre. Der 1992 erstmals ausgetragene Wettbewerb der Champions League, die typischerweise auch schon «Liga» heißt, ist wie der UEFA-Cup das Ergebnis einer solchen Verfestigung von Vorteilen auf nationaler Ebene. Sie wurde seit ihrer Gründung von dreizehn Vereinen gewonnen, in den ersten sieben Jahren schaffte es kein Verein zweimal, am häufigsten insgesamt Real Madrid mit sechs Siegen. Nicht nur die Qualität der Spiele, auch diese exakte Umkehr der Gewinnchancen gegenüber den nationalen Ligen gibt der Erfindung dieser Liga Recht.

Eine andere Reaktion auf ungleiche Siegchancen ist ihre Kultivierung. In Schottland gewinnen seit dreißig Jahren entweder Celtic Glasgow oder die Glasgow Rangers die Meisterschaft. Zuletzt, nach der Insolvenz der Rangers, wurde Celtic sechsmal hintereinander Meister, in der Saison 2016/17 mit dreißig Punkten Vorsprung auf Aberdeen. In Spanien gingen von den letzten fünfundzwanzig Meisterschaften zwölf an den FC Barcelona, acht an Real Madrid. Daran schließen eigene Erzählungen an, besonders Erzählungen von Erzrivalität: Gemischtkonfessionelle gegen Protestanten, Irlandabkünftige in Grün-Weiß gegen blauweißrote Kronentreue, Unterschicht gegen Oberschicht oder Separatisten gegen Zentralisten, Meer gegen Land, Handelsstadt gegen Verwaltungsstadt, Cruyff gegen Franco, Guardiola gegen Mourinho. Auf den Rängen des Camp Nou in Barcelona wird noch heute «Guruceta!» gerufen, wenn die Heimmannschaft benachteiligt scheint, in Erinnerung an einen Vorfall von 1970, als der Schiedsrichter Emilio Guruceta ein Foul an einem Madrilenen einen ganzen Meter in den Strafraum hineinverlagerte, um Elfmeter geben zu können. Feindschaft ist stark gedächtnisbildend und sie lässt Dritte − beispielsweise die Fans all der Vereine, die nie spanischer Meister werden − nicht unbeteiligt, sondern zieht sie in die Rivalität hinein. Die Erzählungen von den Rivalen und der Bedeutung ihrer Rivalität, vom Versuch Dritter (Deportivo La Coruña, Valencia, Atlético Madrid), zu ihnen aufzuschließen, von den Spielern − beispielsweise Schuster, Laudrup, Figo, Eto'o, Luis Enrique −, die vom einen Rivalen zum anderen wechselten oder es sogar wie Gheorghe Hagi schafften, jeweils drei Jahre lang bei beiden zu spielen, ohne währenddessen einen einzigen Titel zu gewinnen: Diese Erzählungen kompensieren gewissermaßen die Gleichförmigkeit der Meisterschaftsentscheidung. Wenn es schon immer das gleiche Duell ist, so ist es doch niemals dasselbe.

Es geht, mit anderen Worten, im Fußball nicht nur um Gewinnen und Verlieren, sondern es werden zahlreiche andere Leistungsgesichtspunkte in die Wahrnehmung des Geschehens und der Ergebnisse einbezogen. El Biar verlor im Achtelfinale 1957 sang- und klanglos gegen Lille mit 0:4, der VfB Eppingen, der 1974 als Drittligist den Bundesliga-Tabellenführer HSV geschlagen hatte, schied zwei Runden später gegen Werder Bremen aus. Aber das wird außerhalb des engen Fankreises kaum mehr erinnert. Nicht jeder, der nicht gewonnen hat, ist ein Verlierer. Die Erstaunlichkeit eines Sieges ist eine eigene Leistung.

Entscheidend ist also der Leistungsvergleich: der punktuelle in einem Spiel oder der kontinuierliche in einem Turnier, einer Saison oder über mehrere Saisons hinweg. Es geht um die Meisterschaft, aber nicht für alle, die Zuschauer bleiben so wenig wie die Spieler fern, wenn sie entschieden ist. Wird erzählt, was in einer Saison mit einem Verein geschehen ist, sagen wir: in der Saison 2016/2017 mit Werder Bremen, dann wird niemand den achten Platz dieses Vereins so beschreiben, dass Bremen gegen sieben Vereine, von Bayern bis Freiburg, verloren hat, und über zehn Vereine, von Mönchengladbach bis Darmstadt, gesiegt. Sondern es wird von der Leistung der Mannschaft berichtet werden, bis zum 24. Spieltag zwar nicht über Platz dreizehn hinausgekommen zu sein, um sich am Ende aber fast noch für europäische Wettbewerbe qualifiziert zu haben. Die Spielausgänge gegen den HSV oder gegen Bayern München können überdies separat für eigene Leistungsbeurteilungen herangezogen werden.

Die Antwort auf die Frage «Worum geht es im Sport?» lautet also, dass es um ständige Leistungsvergleiche geht, weswegen dafür gesorgt wird, dass die Leistungen auch vergleichbar sind. Es liegt insofern die These nahe, Fußball sei Ausdruck der Leistungsgesellschaft, in der wir leben. Besser zu sein als andere, das Gute noch zu steigern, dem «pursuit of rank-happiness», dem Streben nach Rangerfolg sich hinzugeben, wären die Prinzipien einer solchen Gesellschaft wie des Sports. Leistung, schreibt die Historikerin Nina Verheyen, ist dabei etwas, das sich individuell zuordnen lässt, sich in Resultaten manifestiert und nicht am Einsatz oder guten Willen abgelesen wird, und schließlich etwas, bei dessen Ermitt-

lung keine mildernden Umstände – «für Schalke 04 ganz gut» – gelten.

Entsprechend wird die moderne Gesellschaft oft am Ideal der Meritokratie gemessen. Wer es in ihr zu etwas bringt, soll es ganz und gar aufgrund von eigenen Leistungen getan haben. Nach ihnen soll benotet, entlohnt, aufgestiegen, geehrt werden. Und nicht aufgrund von Erbschaften, Beziehungen, unerlaubter Unterstützung oder Eigenschaften, die sich nicht ändern lassen. Der oder die oder das Bessere soll Erfolg haben, gewinnen. Sport scheint das perfekte Vorbild für eine solche Rechtfertigung von Ungleichheit. Tatsächlich gibt es Sportarten, die dem meritokratischen Ideal insofern sehr nahekommen, als etwa beim Gewichtheben oder Weitsprung ziemlich klar ist, worin die Leistung der Athleten besteht, die in ihnen verglichen wird. Was Fußball hingegen zu einem solchen Vorbild macht, ist gerade umgekehrt die Tatsache, dass niemand sagen kann, worauf Erfolg im Fußball genau beruht.

Spiele werden gewonnen, weil eine Mannschaft besser eingespielt ist als die andere – oder weil David Beckham den Fuß an der Auslinie zu schnell zurückgezogen hat. Spiele werden gewonnen, weil die führende Mannschaft sich vom Gegner einreden lässt, es müsse das bisherige Tempo beibehalten werden – oder weil eine italienische Mannschaft, die bei Halbzeit 3:0 führt, vergessen hat, dass sie eine italienische Mannschaft ist, gegen die man auch einen 0:1-Rückstand kaum aufholen kann. Spiele werden von einzelnen Spielern gewonnen – oder weil die Gegner nur noch auf einen solchen Spieler geachtet und vergessen haben, dass der Sieg gegen Argentinien, nicht gegen Maradona erreicht werden muss. Spiele werden von unberechenbaren Spielern gewonnen (Gerd Müller, Zidane) – aber auch von Arjen Robben, von dem alle wissen, dass er genau ein einziges Bewegungsmuster hat, ohne dass dieses Wissen jemals irgendjemandem viel genutzt hätte. Geduld gewinnt Spiele, aber Ungeduld auch, Härte gewinnt Spiele, aber Härte verliert sie genauso. Dasselbe gilt auch für das Spiel über die Flügel und durch die Mitte, für kurze Pässe und für lange, hohe Bälle, für Ballbesitz und für Desinteresse an Ballbesitz, für flüssiges Spiel und für eckiges (Griechenland unter Rehakles), für das Aufrechterhalten der Ordnung und für das Anrichten von Chaos. Die Deutschen sind einmal Weltmeister in einem Endspiel geworden, von dem mit nur geringer Übertreibung gesagt wurde, dass es darin nur eine einzige Torchance gab.

Diese Vieldeutigkeit und Vielgestaltigkeit des Erfolgs im Fußball macht ihn nicht nur zu einem Rätsel, das nach jedem Spiel endlose Diskussionen erlaubt, woran es denn gelegen hat. Sie verlangt nicht nur während des Spiels von den Spielern wie den Zuschauern eine erhöhte Aufmerksamkeit, weil beide sich eigentlich auf nichts wirklich verlassen können und die Vergangenheit immer nur Hinweise bietet, aber keine Schlüsse erlaubt. Sie stattet das Spiel auch mit einer großen Offenheit aus, für die «Spannung» nur ein anderes Wort ist. Ja, Geld schießt Tore, aber hier und heute auch? Dass diese Frage sinnvoll gestellt werden kann, schützt den Fußball vor seiner eigenen Ungleichheitsverstärkung: El Biar kann gegen Stade de Reims gewinnen, wenigstens einmal, und dann erinnert sich eine ganze Nation noch lange Zeit daran.

VIII

Fußball bindet. Meistens wird das so verstanden, dass er Kollektive für neunzig Minuten, einen Spieltag oder ein Turnier lang fasziniert, deren Mitglieder einander sonst nicht mehr viel zu sagen haben. Dann ist vielleicht sogar die Rede von Fußball als Religion, obwohl ja gerade Religion genau so sehr trennt wie vereint. Es folgen Hinweise auf Stadien als Tempel – das von Celtic Glasgow heißt im Volksmund «Paradise» –, Vereine als Kirchen, Hymnen als Choräle, Helden als Halbgötter, Pokale als Kelche, und ganz verlässlich werden dann der «Fußballgott» Turek und der Spruch zitiert, an Jesus komme keiner vorbei, außer Stan Libuda.

Gegen solche Analogien spricht, dass das Publikum in den Stadien sich von vornherein spaltet in Gäste und Heimmannschaft samt der jeweiligen Anhänger und in diejenigen, die den Ausgang ohnehin gelassen sehen, was insgesamt einen sehr merkwürdigen Gottesdienst ergibt. Außerdem ist es auch auf Seiten der Fans einer Mannschaft mit der Vereinigung zum Kollektiv oft nicht weit her. Die Lounge und die Ostkurve, die Ultras und die Familien, die Dauerkartenbesitzer und die Laufkundschaft, sie mögen alle denselben Torschrei ausstoßen, aber sie verschmelzen dabei nicht. *Die Vorstellung jedenfalls, dass es im Stadion den Fan gibt, ist falsch,* so Christoph Biermann. Selbst die Vermutung, im Stadion lebten alle Zuschauer in einer gemeinsamen Gegenwart, in einem einzigen geteilten Moment, idealisiert das Geschehen. Stadien sind alles andere als smartphonelose Zonen absoluter Präsenz. Die Sportler selbst mögen *lost in focused intensity* sein, verloren an konzentrierte Intensität, wie es ein Schwimmer einmal formuliert hat. Und selbst hier gibt es Ausnahmen, etwa wenn Fußballspieler theatralisch werden, eine Schwalbe hinlegen oder sich schmerzverzerrt um die eigene Achse drehen, ohne dass sie zuvor auch nur berührt worden wären. Für das Publikum aber gilt ohnehin, dass es das Geschehen auf allen denkbaren Stufen der Konzentration oder Zerstreuung betrachtet. Sport ist Ablenkung, Freizeit, Zeitvertreib. Außerdem feiert Fußball nichts anderes als sich selbst. Das unterscheidet ihn als Sport von religiösen Ritualen.

Fußball bindet, aber am stärksten nicht Kollektive, sondern biographische Zeit. Darin ist er der Popmusik ähnlich, die ebenfalls Biographien mit zahllosen datierten Erinnerungsstationen und gemeinsamen Bezügen ausstattet: «Das war, als ...» und «Weißt du noch ...». Fußball verbreitet ein Generationengefühl. Man weiß, wo man war, als Hölzenbein zum zweiten Mal im Strafraum stürzte oder Solskjaer seinen rechten Fuß in den verlängerten Eckball hielt, oder beim 7:1, nämlich die meisten irgendwo vor dem Fernseher. Entscheidend ist dafür erneut die Anspruchslosigkeit des Spiels, wenn es gespielt werden soll. Da schon Kinder Fußball spielen und da sie es auch ohne Rasenplatz, Torpfosten und Netz, Fußballschuhe und Trikots, ja sogar ohne Ball tun können, weil ein nasser Schwamm oder eine Coladose reichen, füh-

ren die erlebten Ereignisse bei denen, die etwas an Fußball finden und auch zu seinen Zuschauern werden, sehr weit in ihre Kindheit zurück. Fußball ist äußerst inklusiv. Das senkt seine Wahrnehmung und die Fußballerinnerungen früh und tief in die Seele ein.

Für viele sind diese Erinnerungen an die Heimat geknüpft, den Heimatverein, den nächstgelegenen Proficlub, die Ortsrivalen. Andere, ich beispielsweise, haben sich den Fußball, vom eigenen Spielen in der frühen Jugend abgesehen, weitgehend über das Radio und das Fernsehen erschlossen. Ihre Erinnerungen hängen an Stimmen und Bildern, viel weniger oder erst viel später an Stadionbesuchen. Die «Schmach von Tirana» in der EM-Qualifikation 1967, das 0:0 des Vizeweltmeisters Bundesrepublik Deutschland gegen Albanien, ist für mich eine der frühesten Fußballerinnerungen: ein Sonntag kurz vor Weihnachten, die Spieler laut Radiokommentar auf einem unzumutbaren Hartplatz, das Spiel in der Einbildung des Zuhörers irgendwie fast im Dunkeln stattfindend, vor allem Rauschen und ein endloses wie vergebliches Warten auf ein Tor. So erinnere ich es jedenfalls, wer weiß, ob es so war, oder ob sich nicht andere Radioerinnerungen in diese gemischt haben. Dann tauchen die deutlicheren, die gewisseren Erinnerungen auf, gekoppelt an Spiele, die man sehen durfte, obwohl es eigentlich zu spät am Abend war, und verbunden mit späterer Lektüre von Weltmeisterschaftsbänden, die irgendwelche Sportreporter sofort nach dem Ereignis auf den Markt brachten. England gegen Deutschland in Mexiko 1970, das dortige Jahrhundertspiel gegen Italien, Gladbach gegen Köln 1973 nachmittags, Deutschland gegen Jugoslawien 1974, als eigentlich wegen irgendetwas Fernsehverbot verhängt worden war, aber die Eltern dann doch ein Einsehen hatten. Schließlich das Spiel gegen die Niederlande, «die Holländer», gegen die etwas zu haben man überall aufgefordert worden war, obwohl ich selbst insgeheim dachte, dass Leute, die «Johnny Rep» heißen, mindestens so cool sind wie Jürgen Grabowski. Jedes Mal waren es Begegnungen, die nicht zu enden schienen und jedenfalls nicht enden wollten.

Apropos Namen. Fußball, das war damals eine schier endlose Abfolge von ihnen und viele davon diesseits höchster Prominenz: Kulik, Danner, Flohe, Simmet, Dürnberger, Zobel, Kobluhn. Neben der Welt der Kinder- und Jugendbücher, die einen mit ähnlich vielen Namen versorgte – Abd el Mot, Dorothy Gale, Konrad Ringelhuth, Kalle Blomquist –, war sie die größte bekannte Ansammlung von interessanten Personen. Man hörte die merkwürdigsten Dinge von ihnen, las in Sonderheften, wie groß sie waren und wie viel sie wogen, dass jeder zweite von ihnen Versicherungskaufmann gelernt hatte, aus welchen entlegenen Vereinen manche gekommen waren – SV Kirchanschöring, Olympia Ülpenich, SV Holz, Eintracht Plankstadt –, und dass sie, jedenfalls die in Mönchengladbach, in ihrer Freizeit in Eisdielen herumsaßen und verbotenerweise Eisbecher um die Wette aßen. Was man sich nicht alles, bis heute, gemerkt hat. Die Zeit zwischen den Samstagen, als das Radio mit der Bundesligakonferenz lief, während der Vater unter dem Auto lag, um irgendetwas daran zu reparieren, und man selbst den Ball gegen die Hofmauer drosch, war von solchen lebenswichtigen Informationen gemasert, vor allem jedoch mit Statistiken, ewigen Ranglisten und der Lektüre von Tabellen, auch aus der schottischen oder schwedischen Liga. In Erdkunde hätte man niemals erfahren, dass es Atvidaberg und Växjö gibt, oder was «Hibernians» eigentlich bedeutet und warum ein Verein aus Edinburgh so heißt. Nicht, dass ich auch nur ein einziges Spiel von Östers Växjö oder eines mit Lothar Kobluhn gesehen hätte. Aber es spannte sich durch das Wissen von ihnen und das Lesen über sie eine ganze Welt auf. Durch die Pokalschlacht zwischen Gladbach und Köln, den Büchsenwurf auf Roberto Boninsegna beim 7:1 der Gladbacher – von dem das Hörensagen genügte, um einen über die Schauspielerei und die Annullierung des Spiels zu empören – oder die merkwürdige Erscheinung des kämpferischen Billy Bremner – *Manche sagen, ich trete nur in die Beine, aber das ist nicht wahr, der Ball ist meistens auch in der Nähe* – in den Europapokalspielen von Leeds United rückte sie ins Wahrnehmungsfeld und in das der Imagination. Fußball ist ein Netzwerk von Eindrücken, Zahlen und Geschichten. Die Heimatkunde, die er unterrichtet, bezieht sich auf die Welt als Heimat, Indien vielleicht ausgenommen, aber dafür gibt es Cricket.

Die Sache mit Bremner war exemplarisch. Lange bevor eine Bekanntschaft mit dem ersten Briten geschlossen wurde, gab es diese Mischung aus Gesehenem und Angelesenem, die hineinspielte in das Bild, das ich mir in der deutschen Provinz von Schotten, Iren und Engländern machte. Es waren offenbar wühlende Kämpfer, und es fiel auf, dass sie nach Fouls an ihnen ziemlich schmerzfrei und jedenfalls empörungslos reagierten. Briten waren, so dachte ich, keine Boninsegnas, die sich theatralisch fallen ließen, wenn ihnen so gut wie gar nichts geschehen war. Fußball strukturierte also Vorurteile und bereitete zugleich ihre Korrektur vor, etwa dadurch, dass die erhebliche Disziplin der Italiener damals alles dementierte, was an touristischen Sprüchen über das Land und die Moral seiner Bewohner im Umlauf war. Nach Maßgabe der Stereotypen konnte man gar nicht deutscher sein als Tarcisio – was für ein Vorname! – Burgnich, der kompromisslose Verteidiger. Das bleibende Misstrauen gegen die These, Fußball sei ein Spiegel der Gesellschaft, mag darum zuerst durch die Frage aufgekommen sein, warum der Catenaccio, diese humorlose Strategie eines Verteidigungsbollwerks, ausgerechnet im lebenslustigen und rhetorikfreudigen Italien entwickelt worden ist. Fußball ist ein unerschöpfliches Reservoir solcher Fragen, auf die es keine klare Antwort gibt, die sich aber trotzdem nicht einfach als unsinnig abweisen lassen. Dass eine Stadt St. Étienne heißen konnte, regte genauso zum Nachdenken an wie der Vereinsname Pegulan Frankenthal oder dass im Ostblock Dynamos, die ich nur vom Fahrrad her kannte, so eine große Rolle spielten.

Und so schichtet sich Fußballerinnerung über Fußballerinnerung. Wer das Interesse am Sport nicht verliert, den stattet er mit einem besonderen Zeitgefühl aus, weil immer wieder dasselbe Geschehen abläuft und umso mehr der Vergleich ergiebig ist, was den Fußball von 1970 vom Fußball von 1990 unterscheidet, und was nach 1992 alles anders wurde, oder wie sich die Gladbacher von 1973 zu den Gladbachern von heute verhalten, oder Barcelona unter Guardiola zu Bayern unter Guardiola. In den Taktikgeschichten des Fußballs werden ganze Kapitel darauf verwendet, wie sich das Ajax Amsterdam der frühen Siebziger- zu dem

der 1990er Jahre verhält und was mit seinem Spiel-
stil geschah, als Cruyff erst Spieler, dann Trainer
des FC Barcelona wurde. Eventuell gehört zum tie-
feren Sinn des Fan-Seins auch dies: bei solchen
Vergleichen, die schnell unübersichtlich werden,
nicht alle Merkmale variieren zu müssen, sondern
eines festzuhalten, den Vereins- oder Nationenna-
men, um dadurch die erlebte biographische Zeit an
einem Ort, an einem Begleitobjekt zu messen.
Oder im Bezugssystem einer Region zu bleiben,
wie es Christoph Biermann in seinem wunderba-
ren und zugleich tieftraurigen Buch über den Fußball seines Ruhrgebiets getan hat. Um zu sagen,
wer man sei, zitiert er dort den Philosophen Her-
mann Lübbe, müsse man seine Geschichte erzählen, was insbesondere dann nicht leicht ist, wenn
die Lebensverhältnisse nicht konstant bleiben.
Fußball, so kann man ergänzen, unterstützt einen
dabei, wenn man eine solche Geschichte Leuten
erzählen und mit deren Erzählungen abgleichen
will, die in derselben Zeit oder beispielsweise sogar im selben biographischen Ruhrgebiet gelebt
haben. Denn Fußball läuft mit seinen eigenen Geschichten immer kontinuierlich mit.

Apropos Nostalgie. Weil Fußball eine Kind-
heits- und Jugendsache ist, wird er auch immer
von einer Erzählung unwiederbringlicher Verluste
begleitet sein. Biermann spricht davon, die Geschichte des Fußballs sei eine der *Entfremdung für
immer,* weil die Distanz zwischen den Fans und
den Mannschaften durch die Professionalisierung
immer größer werde. *Die besten Tage des Fußballs
sind vorbei, es waren dieselben wie die des Tangos,*
hieß es 1985 in einem Vortrag von Alberto
Noguera, dem Präsidenten des San Lorenzo Soccer
Club von Buenos Aires, der die Verluste vor allem
der Gewalttätigkeit in den Stadien zuschreibt.
Aber Willy Meisl notierte auch schon 1956, die
guten Tage des Fußballs seien vorüber, weil der
Kommerz sich über die Schönheit des Spiels gelegt
habe. Die Zeit, in der für die einen der echte Fußball gespielt wurde, ist für die anderen die Epoche
des Abschieds von ihm. Früher war alles besser,
wann denn sonst. Fußball bedeutet darum nur
scheinbar «Identität», zumeist vielmehr «Identifi-
kation» und zwar eine, die immer mehr Anstren-
gung erfordert, je älter man wird. Denn natürlich
lässt der Fußball selbst als Sport die Jahre, in de-

nen er gespielt wurde, und die Orte, an denen das geschah, in der historischen Zeit zurück und folgt den Gesichtspunkten der Leistungssteigerung, die sich ablösen von allem Lokalkolorit. Das ist auf der Seite der Sportler so: Die Spieler sind nicht mehr durch Nebenberufe mit der Stadt verbunden, in der sie spielen, die Verdienstmöglichkeiten dominieren Loyalitäten, Dortmunder wechseln zu Schalke, wenn ein Spieler «aus der eigenen Jugend» kommt, wird das inzwischen herausgestrichen, erfolgreiche Stile werden zu Kopiervorlagen für alle, die Mannschaften behalten von jedem Trainer etwas, manche Spieler mehr, andere weniger. Das ist aber auch auf Seiten der Zuschauer so: Sie hängen oft an Vereinen, die nicht aus ihrer Nachbarschaft kommen; sie kostümieren sich mit Trikots von Spielern, die diese Farben längst nicht mehr tragen; sie ziehen, anders als es die echten Fans von sich sagen, ein Champions-League-Spiel mit deutscher Beteiligung einem Drittligaspiel der Lokalmannschaft vor. Damit schlagen sie sich auf die Seite der Leistung und dessen, was die Medien am Fußball herauspräparieren. Kein Wunder, dass sich außerhalb des Balkans der Heimvorteil über die Jahrzehnte hinweg abgeschwächt hat, wenn die Unterstützung im eigenen Stadion der geringere Teil der Unterstützung überhaupt ist und die Mannschaften größtenteils aus Spielern bestehen, die sich nur schwer einreden können, dass sie zuhause heimatliches Territorium verteidigen.

Könnte es nicht sein, dass das Phänomen der «Ultras» Ausdruck desselben Umstandes ist? Gruppen, die sich als rechtmäßige Sachwalter der kulturellen Identität von Fußballvereinen verstehen und festlegen wollen, was richtige Fan-Kultur ist, zeigen an, dass inzwischen auch das entschiedene Fan-Sein eines eigenen Entschlussaufwandes und eigener Organisation bedarf. Sie treten jedenfalls auf wie eine aggressive Nostalgie-Gewerkschaft, die genau weiß, wie groß der Anspruch ist, den die Vergangenheit auf die Gegenwart erheben darf. Das macht ihre Forderungen, etwa nach Abschaffung von Montagsspielen oder nach bezahlbaren Eintrittskarten, nicht gegenstandslos. Die erwachsenen Fans der Sechziger- oder Siebzigerjahre aber hätten in den «Choreos», den völlig vom Spiel abgelösten Gesängen und den bengalischen Feuern der Ultras vermutlich Albernheiten einer vor allem auf sich und die eigenen Streiche stolzen Amüsierjugend erkannt. Die Kommerzialisierung, sagen die Ultras, bereitet dem echten Fußball ein Ende und nimmt ihn den Fans. Abgesehen davon, dass man, damit einem etwas genommen werden kann, es einmal gehabt haben muss, sieht diese Behauptung vom intakten Fußball, den das Geld zerstört, darüber hinweg, dass es den Fußball, der sie begeistert, ohne das Geld gar nicht gäbe. Die Kommerzialisierung hat ihn besser gemacht als er jemals war. Wer dagegen ist, handelt widersprüchlich, wenn er ein Bundesligastadion betritt.

IX

Fußball zieht auch deshalb so viele Geschichten an, weil mindestens 22 Spieler auf dem Feld sind, in der Ersten Liga 18 Mannschaften, es wird jedes Wochenende gespielt, ab und zu auch unter der Woche, heute eigentlich ständig. Da kommen eine Menge wenig stereotyper Ereignisse, Biographien, Abzweigungen und Erwähnungen zusammen, insbesondere, wenn die Berichterstattung ebenso permanent erfolgt wie die Selbstvermarktung der Athleten. Die Geschichten verändern sich dabei im Zuge der Professionalisierung des Sports. Die Spieler werden immer stärker abgeschirmt, sie sind auf die Beobachtung durch Medien vorbereitet, und dass sie mehr denn je auf dem Platz oder im Training sind, vermindert auch die Gelegenheiten für sie, Anekdoten zu produzieren. Andererseits erweitert beispielsweise das fantastische Einkommen, das viele von ihnen erzielen, das Spektrum ihrer Möglichkeiten, von sich reden zu machen. Vom Sparkassenchef einer Bundesligastadt wird die mindestens gut erfundene Indiskretion kolportiert: *Die Hälfte der Spieler hat ihr Girokonto bei uns – alle im Dispo.* Tarnfarbene Maseratis, Begleitdamen, die das Nationalmannschaftshotel durch den Vordereingang betreten, Pokerrunden – das Gladiatorentum ist oft nur um den Preis von sittsamkeitsentlastetem Freizeitverhalten zu haben.

Außerdem leben die Spieler nicht nur, wie früher auch schon, biographisch hochriskant, weil sie ihre Karriere zumeist ganz auf den Fußball gesetzt haben. Da ihre Rekrutierung für den Profisport immer früher erfolgt, führen viele von ihnen das, was ein Bundesligatrainer einmal gesprächsweise eine «leere Existenz» genannt hat, mit Schwerpunkten auf dem Feld, an der Playstation und auf Instagram. Viele von ihnen leben wie in einer Kapsel, die von innen mit Spiegeln ausgekleidet ist, in denen sie ihren Körper betrachten.

Sie begreifen nicht, wer sie sind, weswegen es ohne Berater für sie gar nicht geht, aber mit Beratern liegt häufig auch kein großer Segen auf diesem Leben. Über Maradona hat sein Freund aus dem Weltmeisterteam von 1986, Sergio Batista, einmal gesagt, er habe den Ruhm geliebt, aber nie ganz verstanden, was es meinte, Maradona zu heißen. Fußball illustriert die Kosten von Spezialisierung.

Gerade an den großen Sportler, der dann als Idol angesprochen wird, kristallisieren sich aber nach wie vor Erzählungen an, die aus seinen physischen Leistungen Bedeutung herauszuholen versuchen. Fußball ist auch ein Netzwerk von Personenbeobachtungen, das die Fans zur ständigen Interpretation anhält, wie einzelne Ereignisse auf dem Feld und außerhalb miteinander verknüpfbar sind. Nehmen wir nur den vielleicht arrogantesten Elfmeter, der jemals verwandelt wurde. Zinédine Zidanes Strafstoß gegen Italien im WM-Finale 2006 war nicht einmal ein richtiger Schuss. Vor allem aber war er ein Zitat. Frankreich erhielt in der fünften Minute jenen Elfmeter, und Zidane entschloss sich offenkundig, den Erfolg mit einer

Souveränitätsgeste zu verbinden. Zidane riskierte einen Panenka, einen «Chip», bei dem der Fuß, der nicht schießt, ganz nahe am Ball steht und der schießende Fuß nicht weit ausholt, sondern wie ein Keil unter den Ball geführt wird, um ihn in einem hohen Bogen mit Rückwärtsdrall auf die Reise zu schicken. Diese Art, den Ball zu behandeln, setzt ganz darauf, dass der Torwart, hier Gianluigi Buffon, sich in eine Ecke wirft. Doch anders als das tschechische Original hob Zidane den überheblich leichten Ball nicht einfach nur in die leere Mitte, sondern chippte ihn an die Unterkante der Querlatte, von wo er erst hinter die Linie und dann wieder aus dem Tor sprang. So als beteiligte sich auch das Leder an der Verspottung Italiens. *Il est malade,* er ist krank, wird Frankreichs Torhüter Barthez hinterher über Zidane sagen.

Im selben Spiel stieß Zidane in der 110. Minute seinen Kopf in den Solarplexus eines italienischen Spielers, der ihn beleidigt hatte und den die meisten heute nur dieser Rachehandlung halber kennen. Vielleicht auch noch, weil es Materazzi war, der jenen Elfmeter verursacht hatte. Und weil er danach auch den Ausgleich der Italiener erzielte. Hatten damals überhaupt noch andere mit dem Ausgang des Spiels zu tun als Zidane und Materazzi?

Zidane konnte ein zorniger Spieler sein. Für Tätlichkeiten, darunter einige üble, hat er in seiner neunzehnjährigen Laufbahn als offensiver Mittelfeldspieler zwölf Platzverweise erhalten. Dies war der letzte. Zum Vergleich: Jens Nowotny brachte es als harter Verteidiger und Spitzenreiter der Gelb/Rot-Rot-Statistik der Bundesliga auf acht Karten in fünfzehn Spielzeiten, blieb aber in der Nationalmannschaft sauber. Zidane war Welt- und Europameister, hatte die Champions League gewonnen und war dreimal Weltfußballer des Jahres. Aber das Ende seiner Spielerkarriere im Nationalteam war ein Platzverweis zu Lasten seiner Mannschaft. Wenn man an einem Spieler studieren kann, was es heißt, im Fußball ein Held zu sein, dann ist es Zinédine Zidane.

Denn der Fußballer als Held ist keine eindeutig triumphierende Person. Pindar hätte mit ihm nicht viel anfangen können, weil der moderne Held nicht nur einen einzigen Moment hat, sondern eine ganze Geschichte. Auf dem Platz trägt es zwar zu seinem Heldentum entscheidend bei, wenn er zu den Siegern gehört. Nur durch häufiges Gesiegthaben kommt ein Spieler ja überhaupt in den Genuss, von allen gesehen zu werden. Aber es gibt neben den tragischen Helden, über die schon gesprochen wurde, weil sie die Schuld am Unvermeidlichen auf sich nehmen, dass irgendjemand verlieren muss, auch andere unterliegende Helden. Es gibt beispielsweise die Spieler, deren Ruhm weit größer ist als die Zahl ihrer Titel: *Maradona good, Pelé better, George Best,* lautet ein nordirischer Spruch über den Außenstürmer, der niemals bei einer EM oder WM spielte und dessen Leben zuletzt im Alkohol versank, an dessen Beerdigung aber 100 000 Menschen teilnahmen, das sind mehr als fünf Prozent der Bevölkerung Nordirlands. Es gibt die weltbesten Spieler, denen Titelgewinne stets verwehrt blieben, die man für sie angemessen hielt: Johan Cruyff ohne Welt- und Europameistergewinn, Gianluigi Buffon ohne Champions-League-Titel, Fabio Cannavaro mit neun Champions-League-Teilnahmen für vier Vereine, aber nie über das Halbfinale hinausgekommen, oder Uwe Seeler: 1954 noch zu jung für die WM, 1966 durch das dritte Tor geschlagen und 1970 im Jahrhundertspiel, 1974 dann schon zu alt. Und es gibt Spieler wie den überragenden Johan Micoud, die das Pech hatten, dass auf ihrer Position im Nationalteam gleichzeitig ein noch größerer spielte: Zidane. Im Fußball gibt es also immer etwas, das man nicht erreicht hat, und die Biographie der Spieler, die im Fußball alles erreicht haben – Franz Beckenbauer, der als Spieler und Trainer Weltmeister wurde, Diego Maradona, der die WM von 1986 weitgehend allein gewann – sorgt dafür, dass sie das Leben einholt. Manche enden wie Boxer.

Zur Figur Zidanes, für den das nicht gilt, gehört es aber im selben Sinne, dass er womöglich einen WM-Titel für sich und sein Team verspielte, weil ihm ein niederträchtiger italienischer Verteidiger blöd kam. Der Held ist also nicht einfach ein überaus erfolgreicher Fußballspieler. Man kann über Sami Khedira oder Mario Götze viel Gutes sagen, aber niemand wird sie einstweilen Helden im Sinne von Cruyff, Zidane oder Seeler nennen. An den Helden schließt nämlich eine dichte Personendeutung an, die über Erzählungen von seinem sonstigen Leben hinausgeht, weil sie seinem Spiel Merkmale der Person zuordnet. Der Held, so stellt es sich diese Betrachtungsweise vor, liefert nicht einfach eine Leistung ab, sondern er spielt mittels seines Charakters. Wie in anderen komplexen Sportarten – man kann erneut an Tennis oder Boxen denken –, so führen auch im Fußball die Vielfalt der Handlungsformen, die kommunikativen Möglichkeiten im Spiel, die Erzählbedürftigkeit des Geschehens dazu, dass wir in den großen Spielern Konflikttypen und Bewegungscharaktere erkennen. Cruyffs Art, mit durchgestrecktem Kreuz und leicht erhobenem Kinn über den Platz zu schauen, seine immer leicht schwebende Bewegung, die es ihm jederzeit erlaubt, den Sinn seines Spiels zu ändern. Maradonas dem fast entgegengesetzte Weise, den Boden vor sich zu fixieren, mit gesenktem, oft auf den ganz eng geführten Ball gerichteten Blick und fast nach vorne fallend. Messis vom Ball am eigenen Fuß und von der eigenen Antrittsgeschwindigkeit ganz unabgelenktes Aufmerksamsein auf die eine Linie, der entlang man den Ball so spielen kann, dass ihn nur der eigene

Mann erreicht. Cruyff: die Demonstration des Regierens und Gebietens über alle Fähigkeiten. Maradona: der heilige Egoismus der Ballverliebtheit; einmal war er zwei Minuten und zehn Sekunden ununterbrochen am Ball. Messi: die vollständige Übersicht des billardspielenden Chirurgen über alle Wege, zum Ziel zu kommen.

Im Zentrum des Spiels von Zidane stand demgegenüber, neben einer ungeheuren Durchsetzungskraft und Schussstärke, die Fähigkeit, sich zu drehen, abrupt zu verlangsamen, das Gewicht zu verlagern. Seinen Namen trägt eine Bewegung, die Zidane-Rolle, bei der er den laufenden Ball mit der Sohle des einen Fußes leicht anhält, den Fuß über den Ball rutschen lässt und sich dann so um dasselbe Bein um 360 Grad dreht, dass der Rücken den Ball abschirmt, der vom anderen Fuß ebenfalls mit der Sohle mitgenommen und am Gegner vorbeigespielt wird. Diese Bewegung, ein «move» aus dem Straßenfußball, enthält schon fast alles: Vorwärtsbewegung, Ausbremsen, am Gegner vorbeigehen, indem man ihm kurz den Rücken zudreht. Zidanes Stil war die souveräne Beherrschung der eigenen Achse. Er konnte seine

Gegenspieler dadurch irritieren, dass er nicht nur Geschwindigkeit, sondern auch Langsamkeit, nicht nur Leichtigkeit, sondern auch Schwere als Freiheitsmoment einsetzte. Freiheit, so schien sein Spiel mitzuteilen, bewährt sich gerade auf engem Raum, zeigt sich nicht nur im Enteilen, im hoch fliegenden Ball, im Schuss, sondern mindestens so sehr in der Kontrolle über die eigene Statur und die Unversehrtheit des eigenen Körpers. Dass man die anderen auf Distanz halten kann, lässt sich nämlich nur beweisen, wenn man ihnen nahe ist. Fast möchte man sagen: Zidane antwortete als Angreifer auf die Erfahrungen, die Maradona gemacht hatte, dessen Leben auf dem Feld irgendwann nur noch der Versuch war, den Tritten der Gegner zu entkommen, und der das durch noch mehr Wirbeln, noch mehr Geschwindigkeit versuchte. Zidane, der keine Enge mied, weil er überall einen Raum sah, den man erobern kann, machte den Eindruck von jemandem, für den das Ausweichen keine Option darstellte: *Zidane flößt nicht nur Respekt ein, vielmehr hat man ihn zum Inbegriff des Respekts stilisiert* (Nikola Tietze).

Dafür bot die Biographie des in der Armutszone von Marseille – *jener schönen Frau mit schmutzigen Fußnägeln* (Noël Moreau) – geborenen Spielers aus kabylischer Familie viele Anhaltspunkte. Seine Herkunftstreue zur Familie. Die Disziplin des mit dreizehn Jahren fußballerisch ausgerechnet im mondänen Cannes groß werdenden Einwandererkindes. Das Desinteresse des Mannes, der im Fußball kein Reservat für eine ewige Jugendlichkeit suchte, an unerwachsenem Getue. Der Spieler, der die Nationalhymne nicht mitsang, obwohl er Französisch und nicht Kabylisch spricht. Der zweifache Kopfballtorschütze des WM-Finales von 1998, der nach dem ersten Treffer so grimmig schaute, als hätte nicht er den Brasilianern, sondern sie ihm etwas angetan. Aus solchen Elementen, die alle die unbedingte Ernsthaftigkeit des Spiels für ihn belegen, setzt sich die Figur Zidane zusammen. Die beiden Szenen des Endspiels von 2006, der herablassende Elfmeter und die mit kaltem Zorn ebenso sprachlos wie dezidiert in Form eines Kopfballstoßes ausgeführte Tätlichkeit, vervollständigten seine Erzählung. Denn sie zeigten, dass für diesen Spieler sein Streben danach, Anerkennung durch den Sieg und durch das «Es-den-andern-Zeigen» zu erzwingen, im Fußball das am besten geeignete Feld fand, dass er aber in einer entscheidenden Sekunde selbst mit dem Fußball keine Kompromisse schloss, wenn ihm abverlangt werden sollte, von diesem Anerkennungswillen abzusehen.

In den Fußball ragen ständig solche Motive hinein, die sachlich nichts mit dem gerade laufenden Spiel als solchem zu tun haben. Hier war es die wiederholte Beleidigung von Zidanes Schwester und Mutter durch den Italiener, die das Spielfeld für Sekunden in eine Vorortstraße verwandelte, deren Recht Zidane exekutierte, um sich danach bei den Kindern unter den Zuschauern, aber niemals bei Materazzi zu entschuldigen. In anderen Fällen kann es die ethnische Herkunft von Spielern sein – man denkt an die berühmten Konflikte in den Mannschaften Frankreichs oder der Niederlande zwischen «Migranten» und «Einheimischen». Es können zuvor stattgefundene Transfers sein, offene Rechnungen aus anderen Spielen, politische Hintergründe, Aussagen von Spielern oder pseudostatistische Befunde wie der berühmte «Angstgegner». Die oft etwas albernen

Trickeinlagen von Cristiano Ronaldo, die uns auf seine noch lächerlichere Triumphgeste vorbereiten, gehören als Selbststilisierung im Medienspiegel ebenso zu diesem Material der Personenbeobachtung wie die Betonung, ein Spieler komme «aus der eigenen Jugend» oder er habe Abitur. Der Fußballfan durchsucht solche Materialien fortwährend nach der Möglichkeit, sie in Übereinstimmung mit dem zu bringen, was im Spiel zu sehen ist. In diesem Sinne ist das Verfolgen der Fußballwelt eine romantische Übung des Poetisierens von etwas selbst ganz Sprachlosem.

Spieler sind dabei nur eine Möglichkeit, die Wahrnehmung des Fußballs über größere Zeiträume hinweg zu fokussieren und mit einem Thema auszustatten, zu dem die einzelnen Ereignisse Beiträge liefern. Die anderen prominenten Anhaltspunkte, um die Aufmerksamkeit über Spiele und Turniere hinaus zu lenken und zu binden, sind die Vereine und die Tabelle. Wie es einem als Individuum biographisch geht, ist oft schwer zu sagen, weil sich das Leben, allen Versuchen der Glücksforschung zum Trotz, meistens nicht in eine Stichtagsbilanz überführen lässt. Wie es dem eigenen Verein geht, ganz gleich ob man nun Anhängerin oder eingetragenes Mitglied ist, lässt sich hingegen einigermaßen genau bestimmen. Man benötigt dazu nur eine Tabelle, das Kurzzeitgedächtnis an die Rangplätze, die von der Mannschaft zuvor eingenommen worden waren – geht es aufwärts oder abwärts? –, und Vergleiche: mit anderen Vereinen oder mit den Erwartungen zu Beginn der Saison.

In der Tabelle verschwinden die Geschichten, um die es gerade ging, und die Saison kann noch so angefüllt mit ihnen gewesen sein, man schaut die Tabelle deswegen nicht versöhnter an. Sondern zumeist nervös und kalkulierend und unzufrieden, ganz gleich, wo der eigene Verein gerade steht. In München entlässt man Trainer, wenn man sich auf Platz zwei befindet oder deutlich in Paris verliert, andernorts tut man gut daran, eine erfolgreiche Hinrunde als sicheres Zeichen für akute Abstiegsgefahr zu interpretieren oder jeden erzielten Punkt von 38 abzuziehen, um ein Gefühl dafür zu bekommen, wie weit es noch bis zum Klassenerhalt ist. Vereine sind organisiertes Leiden am Fußball. Irgendwann war fast jeder einmal

Meister irgendeiner Liga oder zumindest ihr Mitglied, was fast jeden Verein mit Nostalgie und «großen Zeiten» ausstattet. Und in Gestalt der nichtspielenden Organisatoren des Zurückbleibens hinter solchen Zeiten – den Trainern, den Sportdirektoren, dem Vorstand und gegebenenfalls auch den hörgeräte- oder teppichverkaufenden Mäzenen – hat auch jeder Verein eine ganze Reihe von Leuten im Angebot, die für all das Zurückbleiben verantwortlich gemacht werden können. Am vitalsten freilich sind die entsprechenden Geschichten, darauf hat Christoph Biermann hingewiesen, wenn die Vergangenheit nicht einfach vergangen ist, sondern als instruktiv für gegenwärtige Erwartungen angesehen wird, auch wenn es eventuell nur die Fans sind, die das so empfinden: etwa auf Schalke, in Offenbach oder in Düsseldorf.

X

Fußball, das ist das Argument, kann für diejenigen, die ihm etwas abgewinnen wollen, aufgrund seiner Dynamik, seiner Regeln und seiner Gegensätzlichkeiten ein Spiel schier unendlicher Beobachtungschancen, Geschichten und Begleitstimmungen sein. Vielleicht klingt das manchem zu distanziert und wie die Haltung eines Zuschauers im Theater. Tatsächlich führen Fußballspieler nichts auf. Sie spielen, aber sie spielen nichts vor, und sie stellen nichts dar. Man kann das, was ein Spiel mitteilt, nicht als eine Aussage reflektieren, es kommuniziert nur Können. Der oft angestellte Vergleich mit dem Tanz (weißes Ballett, Tango etc.), der seine Grenze in Merce Cunninghams Satz findet *Dancing is the art not to bump each other,*

Tanz ist die Kunst einander nicht zu stoßen, hat hier sein Recht: Fußball ist eine nichtmimetische Bewegungsimprovisation.

Natürlich kann man sich auch einfach nur an ihm betrinken, oder sich betrinken, während man ihm zuschaut. *An dieser Stelle, ja da woll'n wir uns verbeugen / Vor den Leuten, die sich nie betäuben / Aber habt ihr schonmal drüber nachgedacht / Dass ihr da vielleicht auch irgendwas verpasst?* Jan Delay hat sicher einen Punkt, nur kann man diese Frage zurückgeben: Verpasst nicht, wer seine Aufmerksamkeit durch Gesänge, La Olas oder erhebliche Betankung schwächt, auch irgendwas am Fußball und gerade am Fußball, der ständig unvorhergesehene Situationen hervorbringt und die Wahrnehmung äußerst anspannt? *Was heißt kombinieren,* fragt Willy Meisl in «Soccer Revolution», und antwortet *Ich würde sagen: Die Fähigkeit mit dem Kopf des Partners zu denken,* den ungarischen Fußballstil jener Jahre um 1956 nennt er deshalb *Soccer-Telepathie.* Der Nachvollzug dieser Telepathie erstreckt sich für die Zuschauer auf das ganze Feld und auch auf die Sinnhaftigkeit der Aktionen, ein «Geht das?» begleitet alle Vorstellungen. Darum verpasst auch das entfesselte Fan-Sein, eine Form von emotionaler Selbstbetankung, die beispielsweise offenkundige Fouls der eigenen Mannschaft als lässlich oder als Schwalben des Gegners empfindet, die «Abseits» für eine Eigenschaft der eigenen Spielhälfte hält und überhaupt die Lizenz zum Parteiischsein auslebt, etwas am Spiel. Die Bereitschaft, mit Fehlern oder unvermeidbaren Rückschlägen zu leben, mag den Spielern im Kampfgeschehen nicht zumutbar sein. Zuschauern aber entgeht einiges, wenn sie dem Lärm des Stadions zu große Resonanz geben. Ist es nicht besser, vor Vergnügen zu schreien, als zu schreien, um vergnügt zu werden?

Fußball, so geht das Argument weiter, ist eine Instanz sozialen Lernens, weil er einer Welt entspricht und sie als Spiel wiedergibt, in der es keine eindeutigen Gesichtspunkte für Rationalität gibt. Als Leistungssport bleibt in ihm unbestimmbar, was alles als Leistung zu Erfolgen führt, und darin ähnelt er der Gesellschaft, die ihn hervorgebracht hat. Als Fußball in englischen Colleges am Ende des 19. Jahrhunderts etabliert wurde, sollte er dazu dienen, die Zöglinge tugendhafter – disziplinierter, weniger egoistisch, fairer – zu machen. In Festansprachen sieht man ihn noch immer so. Tatsächlich aber ist das nur ein kleiner Ausschnitt dessen, was erfolgreiches Spiel ermöglicht, mitunter ist das gerade Gegenteil verlangt. Die Kriterien für gute Spielzüge sind, im Leben wie auf dem Platz, flüssig, der Vorrat an Mitteln, sie zu erfüllen, enthält die unterschiedlichsten Werkzeuge: Eigensinn und Mannschaftsdienlichkeit, Schönheit und Arbeit und Spielunterbrechung, Eleganz und Brechstange. Die Erklärungslücken, wodurch Erfolge im Fußball begründet sind, werden darum von unablässigem Erzählen über seine Spiele, Helden, Mannschaften und Technologien gefüllt. Neben den Erzählungen über Fußball gibt es auch die Versuche, mit Wissen weiterzukommen. Inzwischen liegen Bücher und Dutzende von Studien vor über die optimale Art, Strafstöße zu schießen, über die Geschichte der Mannschaftsaufstellungen nach Maßgabe jener mit Systemen verbundenen *Telefonnummern* (Pep Guardiola) wie 4-2-4 oder 1-2-5-2 oder 3-4-3, über den Heimvorteil und über die Faktoren, die am besten ein Spiel vorhersagen helfen. Doch nach wie vor wird ge-

wettet. Auch das gleicht unserem Verhältnis zu einer sozialen Umwelt, in der wir nur phantasieren, wir wüssten, auf welche Knöpfe man drücken muss, um in ihr zu bestehen. Fußball lässt sich, wie die Gesellschaft, nur durch sich selbst erklären. Er ist darum nicht ihr Spiegel, denn sonst ließe ja er sich durch sie und sie sich durch ihn erklären. Er ist ihr wahlverwandt, und uns scheint: unter allen Sportarten er am meisten.

Es wäre darum sehr verzagt, den Fußball dafür nur zu loben, ohne zu sagen, was an ihm genauso schwer erträglich ist wie an der Gesellschaft, in der er stattfindet und die ihn hervorgebracht hat. Im Gegenteil: Der Fußball ist gerade dafür zu loben, dass er nicht besser als die Gesellschaft ist, sondern genauso bewundernswert und genauso erschreckend wie sie. Der Begriff der Faszination enthält beides: Anziehung und Abstoßung. Auch wer nicht so weit geht wie Jürgen Roth, der aus bitter enttäuschter Liebe und Verzweiflung am Zustand seines Sports verlangt, *Der Fußball soll abgeschafft werden,* kann darum an seinen Gründen für diese Forderung nicht vorbeigehen. Fußball ist nicht nur eine Masse an Erzäh-

106

lungen, er ist auch eine einzige Aufregung. Über peinliche Namen wie Easy-Credit-Stadion, Schauinsland-Reisen-Arena, Stade Matmut-Atlantique, Power8 Stadium, Signal Iduna Park. Über den darin entfesselten Höllenlärm stupidester Art von «We will rock you» bis «Schland o Schland», über Beckenblattini, das Verhalten der Vereinsspitze von Borussia Dortmund nach dem Sprengstoffanschlag auf den Mannschaftsbus und das imbezile Verhalten von Fans, die ihrerseits Mannschaftsbusse der Lokalrivalen mit ihren Vereinsfarben beschmutzen. Alles, was es an Dummheit, Verbrechen und beschämendem Verhalten außerhalb des Fußballs gibt, gibt es auch im Fußball. Das viele Geld steigert nicht nur die Leistungen, sondern im Verbund mit halbwelthaftem und jedenfalls rücksichtslosem Personal auch die Korruption. Das Partygefühl, in dem viele die «Events» besuchen, die aus ihnen und ihren Kindern dieses Geld herauspressen, befördert andererseits eine Art Exhibitionismus des schlechten Benehmens und der Niedertracht.

Folgerichtig stört sich jeder an etwas anderem: die einen an den VIP-Lounges, die anderen an den

Stadionsprechern, wieder andere an Helene Fischer in der Pokalpause, alle an den Schiedsrichterentscheidungen, nur jeder an anderen, oder am Schmerzgetue vieler Athleten, die tun, als stürben sie, kurz bevor sie wieder munter weiterspielen, am Videobeweis, an Montagsspielen oder an einzelnen Gästespielern, auch wenn die übermorgen in der eigenen Startelf bejubelt werden. Fußball scheint ein idealer Anlass, um Dauerbegeisterung und Dauerprotest zu kombinieren. Keiner dieser Proteste dringt durch, aber das ist auch gar nicht ihr Sinn. Jeden einzelnen von ihnen kann man diskutieren, doch in ihrer Menge sind diese Proteste vor allem ein Ausdruck der unterschiedlichen, ja widersprüchlichen Erwartungen, die an den Fußball gerichtet werden. Jede einzelne Beschwerdeliste bleibt darum idiosynkratisch. Zum Beispiel diese ganz kurze:

(1) Relegationsspiele müssten nicht sein. Gegen das Geschäftemachen mit dem Fußball ist nichts einzuwenden, allerdings sind die Zermürbungsgrenzen auf Seiten der Spieler längst überschritten. Dass aber zwei vollständig in Abstiegs- und Aufstiegskämpfen ausgelaugte Mannschaften

am Ende einer Saison, wenn alle nur noch auf das Pokalfinale warten und dann sommerferienhalber auch mal wieder Ruhe haben wollen, aufeinander-gehetzt werden, um dann regelmäßig den drögesten Angst-essen-Spiel-auf-Fußball abzuliefern, bei dem irgendein Erschöpfungstor dafür sorgt, dass der HSV doch erstklassig bleibt oder Nürnberg nicht aufsteigt, weil es das Unmögliche schaffte, nämlich noch schlechter als Eintracht Frankfurt zu spielen, leuchtet nicht ein. Eine Saisonleistung wird missachtet, indem man ihren Wert von einem Hin- und Rückspiel unter solchen Bedingungen abhängig macht. Es ist schlicht eine Taktlosigkeit gegenüber den Mannschaften – und sie führt nicht einmal zu interessantem Fußball.

(2) Gelbe Karten für Trikotausziehen müssten nicht sein. Die Fifa, die 2004 beschloss, das Aus-ziehen des Trikots, ja auch schon das Hochziehen des Hemdes, um das Gesicht zu bedecken, seien Fälle von «unsportlichem Betragen», zieht sich nicht nur die Rückfrage zu, ob übermäßiger Jubel auf eine Stufe mit dem Protest gegen Schieds-richterentscheidungen, taktischen Fouls, Hand-spiel nach der Art Maradonas 1986, Schwalben

oder Spielverzögerung gestellt werden kann. Es fragt sich auch, weshalb Tänzchen an der Eckfahne, Spielertrauben oder Cristiano Ronaldos Denkmalgeste nicht unters Übermaßverbot fallen, die Zurschaustellung der Sixpacks aber schon. Die Regel 12 der Fifa, die das so sieht, spricht von einem unnötigen, übertriebenen Ausdruck von Freude. Was wäre denn aber ein nötiger Ausdruck von Freude? Ihr Maß und mithin seine Überschreitung können nicht ohne ihren Anlass bestimmt werden. Würde es wirklich irgendjemand «übertrieben» genannt haben, wenn Ole Gunnar Solskjaer am 26. Mai 1999 so gegen 22:34 in Barcelona sich das Trikot übers Gesicht gezogen hätte? Wenn also von Übertreibung die Rede ist, müssten die Schiedsrichter einen Ermessensspielraum haben. Haben sie aber nicht, weswegen es sogar mit Gelb bestraft wurde, als David Odonkor einmal sein Trikot auszog, um es nach einem Treffer einem Rollstuhlfahrer im Innenraum zu schenken und darunter – genau das gleiche Trikot anhatte.

(3) Fußballmoderatoren müssten nicht sein. Die Spieler dürfen nicht übermäßig jubeln, aber die Reporterbänke von Funk und Fernsehen sind

voller Animateure. Dabei muss Fußball gar nicht moderiert werden, es würde völlig genügen, wenn die Fernsehreporter ab und zu eine Beobachtung mitteilen würden, die sie gemacht haben, etwas sagen, was nicht sowieso sonnenklar ist, wenn sie aufgrund etwaiger Kenntnis erklärten, wie eine Mannschaftsaufstellung zu verstehen ist oder woran es liegt, dass ein Spiel nicht vorankommt. Stattdessen sagen sie «Boateng», wenn Boateng den Ball führt, um dreißig Sekunden später wieder «Boateng» zu sagen, wenn er ihn erneut erhält, obwohl das schon beim ersten Mal gar keinem Zweifel unterliegen konnte, da es ja gar niemanden gibt, der Boateng nicht kennt und erkennt. Sie johlen «Da geht noch was», wenn das Spiel der Mannschaft, der sie den Sieg oder wenigstens den Ausgleich wünschen, Fahrt aufnimmt, was ebenfalls jeder sieht, oder sagen «Eijeijei», wenn ein Ball knapp daneben geht. Oder sie fühlen sich ungemein südamerikanisch, geradezu latinomäßig leidenschaftlich, wenn sie «Tor» mit zwölf Os rufen. Sie reden und rufen überhaupt zu viel, als müsse man die Zuschauer für diesen Sport durch besonderen Stimmeinsatz begeistern und Emotionen «rüberbringen» oder sich vom Verdacht befreien, man sei keine Stimmungskanone. Vom manifesten Unfug («Wenn sie hier was reißen wollen, müssen sie was tun») und den Beiträgen zu Phrasensammlungen («Es gibt im Fußball keinen Schönheitspreis», «Wenn man solche Chancen auslässt, wird man bestraft», «Gegen den Ball arbeiten», «Sie haben sich ein frühes Tor vorgenommen») sowie den unablässig selben Fragen an erschöpfte Gewinner oder Verlierer ganz abgesehen. «Will Deutschland jetzt den Titel?», wurde Thomas Müller nach dem Sieg im Viertelfinale gegen Italien bei der EM 2016 gefragt.

(4) Katar müsste nicht sein.

XI

Es gibt eine Anbiederung vieler Medien an den Fußball, es gibt die Humorlosigkeit vieler Fans und aller Funktionäre, und es gibt zugleich einen Mangel an Ernst im Umgang mit dem Spiel. Dieselben Moderatoren, die ihn kommentieren dürfen, haben mitunter Sendungen, in denen sie Köche interviewen, Filmsternchen oder Schlagersänger. Dem liegt die Vorstellung zugrunde, dass dies alles nur Abschnitte auf einem Spaßkontinuum sind, alles Fälle desselben. Sie erstaunt den am Fußball als Sport Interessierten mindestens so sehr wie der Konfettiregen, der inzwischen auf Weltmeister niedergeht, oder Helene Fischer in der Pause. Gewiss, der Fußball ist als Geschäft eine Branche der Unterhaltungsindustrie. Man schaut sich die Spiele im Stadion wie im Fernsehen nicht an, um sich zu informieren, sondern um sich zu vergnügen, wobei das Vergnügen nicht zuletzt in der Aufregung besteht, in die einen das Spiel hineinzieht. Doch es ist kontrovers, welche Gefühle genau es sind, die zu erleben jenes Vergnügen bereitet.

Die Debatte darüber, ob und weshalb Frauenfußball mehr ein Aktiven- als ein Zuschauersport ist, gehört hierher: Der Publikumsdurchschnitt beim Bundesligaersten der Frauen liegt derzeit bei rund 1700 Zuschauern pro Spiel, was etwa den Zahlen für mittlere Regionalligavereine der Männer entspricht. Ob der Genuss beim Fußball der an einer ansonsten funktionslos gewordenen Männlichkeit ist, kann dahingestellt bleiben. Aber dass es um eine Kampfsituation geht, in der Formen körperlicher Überlegenheit ausgespielt und genossen werden, liegt auf der Hand. Die Entschlossenheit, mit der unter den Restriktionen des Regelwerks aufeinander losgegangen wird, gehört zum Spiel. Ihre Besonderheit ist, dass die Kampfsituation von nahezu allen Merkmalen abgelöst wird, die Konflikte sonst haben. Der Streit um den

Ball erfolgt ohne Ursachen in Hass, Habgier, Über-
lebensnot. Das einzig knappe Element ist der Sieg
selber, der Pokal, den man aber auch nur haben
will, weil er den Sieg symbolisiert. Mag schon bei
den Spielern der Zusammenhang von Erfolg und
Einkommen kaum motivfähig für das Verhalten
auf den Platz sein, um wie viel weniger ist er es
für die Zuschauer und ihr Verlangen, die eigene
Mannschaft möge obsiegen. Der Streit um den Ball
kennt aber auch andere Konfliktmerkmale nicht:
den vorzeitigen Frieden, die Vernichtung des Gegners – auch wenn Brasilien es einmal so empfunden haben mag –, die Eroberung von etwas und
einen Wechsel von Besitz nach dem Ende des
Streits. Auf die Frage, was gewonnen wurde, gibt
es nur eine einzige Antwort: das Spiel. Und was
die einen gewinnen, verlieren die anderen. Die
Schande von Gijón, als bei der WM 1982 nach
zehn Minuten ein Ergebnis erreicht war, das sowohl Österreich wie Deutschland weiterkommen
ließ, woraufhin beide vom Ende der ersten Halbzeit an ihre Bemühungen einstellten, war vor allem deshalb empörend, weil zwei Mannschaften,
die ein Ergebnis vor der Zeit nicht ändern wollen,

das Ende eines Spiels sind, bei dem nicht vorgesehen ist, dass beide gewinnen. Zum Genuss des Fußballs gehört, dass das Ergebnis nicht schöngeredet werden kann. Und schließlich wird im Fußball genossen, dass Rang eindeutig auf Fähigkeit beruht. Niemand wird zu Unrecht deutscher Meister; auch wenn es Schalke einmal so empfunden haben mag, und niemand kann sich im Fußball Ruhm erschleichen.

Die Nachempfindung dieses agonalen Könnens steht im Gegensatz zu Moralismen, Kitsch und dem Missbrauch von Emotionen für Showzwecke. Fußball ist nicht Völkerverständigung, nicht elf Freunde und nicht Theater, sondern Erwartung eines Heimsiegs und Ballzirkulation – für neunzig Minuten, in denen nichts aufgeführt, sondern gehandelt wird. Danach beginnt wieder die Wirklichkeit außerhalb des Spiels.

Dass solche Gefühle zum Gegenstand eines Geschäfts werden, dass Gefühlsproduktion ökonomischen Gesichtspunkten unterworfen wird, damit steht der Fußball nicht allein. Ein Hinweis auf das Kino, auf Romane, Opern und Popmusik genügt, um das zu belegen. Und wie dort, so gilt auch im

Fußball, dass die Produktion nach Kriterien erfolgt, die sich widersprechen können oder zumindest nicht aufeinander kongruent abbildbar sind. So können Fußballklubs, anders als die meisten wirtschaftlichen Organisationen, nicht einfach das Produkt ersetzen, wenn das aus Gründen der Rentabilität geboten scheint. Denn das Produkt ist hier der Zweck und der Zweck bei Vereinen das Motiv der Mitgliedschaft und Anhänglichkeit: Es geht um möglichst erfolgreichen Sport, wobei der Erfolg sich aus den genannten Elementen der Leistung und der sie begleitenden und von ihnen ausgelösten Gefühle, der Siege und der Erzählungen davon zusammensetzt. Selbst Unternehmensfusionen sind im Profifußball darum ziemlich selten, und allein die Vorstellung, Gazprom fände es lukrativ, auch noch Borussia Dortmund in sein Investitionsportfolio zu nehmen, ist aberwitzig. In Bezug auf die Wirtschaft lebt der Fußball also eher von ihr als für sie, was nicht ausschließt, dass erhebliche Einkommen an die Beteiligten ausgeschüttet werden, weil Medien, Sportartikel- und Getränkehersteller den Fußball als Aufmerksamkeits- und Gefühlsmagneten schätzen.

Unter den Soziologen, die sich mit den Emotionen bei kollektiven Festen beschäftigt haben, existieren ganz unterschiedliche Deutungen, woher die Begeisterung durch sie kommt. So ist sie als Kompensation eines Alltags gedeutet worden, der von Routinen, sitzender Tätigkeit und Kommunikation geprägt ist. Wie herrlich, sagt der so gegängelte Körper, ein Spiel, in dem nicht geredet wird, das rücksichtslos erfolgsorientiert ist und in dem der Rhythmus ständig wechselt! Fußball lockert den Selbstzwang, auf den Rängen wie auf dem Rasen.

Eine andere Deutung findet, dass in den neunzig Minuten ein fast voraussetzungs- und folgenloses Feuerwerk abgebrannt wird, das in der Form begrenzter Erregung erlaubt, was den Alltag moderner Bürgerlichkeit zerstören würde: die rücksichtslose Bejahung von unberechenbarer Überlegenheit. Der Jubel über die gelungene Kombination ist insofern dem Weinen im Kino darüber, dass sie sich kriegen, ähnlich. *Das Verdichten der im wirklichen Leben herumirrenden Gefühle in mannigfaltige feste Massen,* schreibt 1799 der Romantiker Wilhelm Wackenroder, *ist das Wesen aller Dichtung, sie trennt das Vereinte, vereint fest das Getrennte, und in den engeren schärferen Grenzen schlagen höhere, empörtere Wellen.* Fußball ist eine solche Verdichtung. Er lehrt uns die Erfahrung von Amplituden, Schwingungen. Die Erfahrung gemeinsamen Schwingens ist es, die all die Heimatgefühle, Patriotismen und Gegnerschaften der Fußballbegeisterung begründet.

Das führt zu einer letzten Deutung des Fußballgefühls, die von dem Soziologen Niklas Luhmann stammt. Ihr zufolge geht in der modernen Welt ganz Vieles ganz leicht und plötzlich. Lebensläufe ändern sich über Nacht, weil irgendwo falsch investiert wurde oder ein Medikament erfunden oder auf einmal eine zuvor unbekannte Frau oder ein Mann da war. Man kann die Kleider mit der Mode wechseln oder die Religion, die Wissenschaft erkennt jeden Tag etwas neu und dann gilt das Alte über Nacht nicht mehr, bis auch das Neue alt geworden ist. Leute heiraten und entheiraten sich, die Konservativen werden grün, die Sozialdemokraten setzen Hartz IV durch, ständig werden neue Produkte in die Regale gestellt. Und all das, so Luhmann, wird sofort über Massen-

medien kommuniziert. *Um das aushalten zu kön-nen*, meint er, *braucht man offenbar Gegengewichte der Schwere, der Bindung, des dumpfen, indisponiblen Gefühls, für das man selber nichts kann, in das man gewissermaßen hineingeboren ist. Man müsste es bei dieser Gegenüberstellung belassen, gäbe es nicht – den Fußball. Mehr als irgendeine andere Spezialität der Moderne eignet er sich dazu, die Einheit von Leichtigkeit und Schwere zu symbolisieren.* Denn auch im Fußball ändert sich ständig alles, auf dem Platz wie in der Tabelle, aber es bedarf ungeheurer körperlicher Anstrengungen dafür: Das Leichte geschieht aufgrund der Bewegung von Körpern. Wer einmal versucht hat, einen Eckball so auszuführen, dass das Leder in der Nähe des Fünfmeterraumes auf Kopfhöhe eines springenden Angreifers landet, weiß um diesen Zusammenhang von Schwere und Leichtigkeit. Die Gefühle, die der Fußball engagiert, sind von derselben Qualität. Die Bindung an einen Verein und der Genuss seiner wechselnden Schicksale. Die Aufwallung und das Bewusstsein, dass das alles nicht der Ernstfall ist, sondern ein Spiel, das endet und danach wieder wie von neuem beginnt. Die tiefe Kenntnis des Fußballs und die Gewissheit, dass sie einem gar nichts nützt und der nächste Spielzug alle Erwartungen durchkreuzen kann. Heimat und Globalität. Was der Ball symbolisiert, Flug und Fall, ist auch eine Eigenschaft der Emotionen, die das Spiel mit ihm auslöst. Dem Bedürfnis, sich zugleich leicht und schwer zu fühlen, kommt es wie kein anderes entgegen.

Literatur

Christoph Bausenwein: Geheimnis Fußball, Göttingen 2006

Christoph Biermann: Wenn wir vom Fußball träumen. Eine Heimreise, Köln 2014

Robert Gilbert: Air, Worm, Pip, Zen: The Chicago Bulls as Sacred Book, in: Salmagundi No. 118/119 (1998), S. 246–272

Heiner Gillmeister: Tennis. A Cultural History, Leicester 2017

Axel Hacke: Fußballgefühle, München 2014

Uli Hesse & Paul Simpson: Wer erfand den Übersteiger?, Göttingen 2015

Niklas Luhmann: Der Fußball, F.A.Z. Geisteswissenschaften 4.7.1990

Willy Meisl: Soccer Revolution: Great Britain taught the world how to play and enjoy Association football – later to be taught many a hard lesson by former pupils, London 1956

Rainer Moritz: Abseits. Das letzte Geheimnis des Fußballs, München 2006

Jürgen Roth: Nie mehr Fußball. Vorfälle von 2014 bis 2017, Münster 2017

Dietrich Schulze-Marmeling: Der König und sein Spiel. Johan Cruijff und der Weltfußball, Göttingen 2012

Erich Segal: ‹To Win or Die›: A Taxonomy of Sporting
  Attitudes, in: Journal of Sport History 11 (1984),
  S. 25–31
Rudolf Stichweh: Sport – Ausdifferenzierung, Funktion, Code,
  in: Sportwissenschaft 20 (1990), S. 373–389
Klaus Theweleit: Tor zur Welt. Fußball als Realitätsmodell,
  Köln 2004
Nikola Tietze: Zinédine Zidane oder das Spiel mit den Zuge-
  hörigkeiten, in: Mittelweg 36 (2006), S. 73–92
Nina Verheyen: Unter Druck. Die Entstehung individuellen
  Leistungsstrebens um 1900, in: Merkur 66 (2012),
  S. 382–390
Wilhelm Heinrich Wackenroder: Phantasien über die Kunst
  für Freunde der Kunst, Hamburg 1799
Sam Whimsitt: Soccer: The Game Americans Refuses to Play,
  in: Raritan 14 (1994), S. 65–66
Jonathan Wilson: Revolutionen auf dem Rasen. Eine
  Geschichte der Fußballtaktik, Göttingen 2015